영단어,
지식을
삼키다

영단어,
지식을
삼키다

초판인쇄 2014년 8월 14일
초판발행 2014년 8월 14일

지은이 노진서
펴낸이 채종준
기획 조가연
편집 백혜림
디자인 이명옥
마케팅 황영주

펴낸곳 한국학술정보(주)
주소 경기도 파주시 회동길 230(문발동 513-5)
전화 031) 908-3181(대표)
팩스 031) 908-3189
홈페이지 http://ebook.kstudy.com
E-mail 출판사업부 publish@kstudy.com
등록 제일산-115호(2000.6.19)

ISBN 978-89-268-6473-9 03740

어원과 상식을
관통하는

유쾌한 지식 읽기

영단어,
지식을
삼키다

노진서 지음

이담
Books

prologue

세계적으로 유명한 강들을 거슬러 올라가는 크루즈 여행은 늘 인기를 끌고 있습니다. 강이 시작되는 발원지가 어떤 곳일까하는 호기심 때문이기도 하지만 그것 뿐만은 아닙니다. 아마도 그곳까지 가는 동안에 마주하게 되는 아름다운 풍광들, 만나게 되는 낯선 사람들, 그리고 그곳에서 듣게 되는 흥미로운 이야기 때문일 것입니다.

신기한 것은 이러한 상황이 우리가 사용하는 언어에도 똑같이 존재한다는 것입니다. 언어라는 숲을 구성하는 단어들은 저마다 그 나름의 사연을 갖고 있습니다. 그 사연을 들여다보는 것은 숨겨진 그들의 비밀을 찾아서 과거로 거슬러 올라가는 여행입니다. 그들 중에는 하찮은 것에서 시작하여 벼락출세한 것이 있는가 하면 고상한 지위에서 급전직하하여 나락으로 떨어진 것도 있습니다. 마치 우리 인간 세계의 인생살이와 비슷합니다.

그런데 이 책을 통해서 단순히 그러한 단어들의 내력만을 알려 드리려는 것은 아닙니다. 단어의 근원을 찾아가면서 그와 관련된 이야기들을 동시에 들려 드리려고 합니다. 이런저런 이야기들이 섞여 있어 일면 이것이 무슨 관련이 있을까라고 생각될 수도 있지만 자세히 뜯어보면 그 이야기들이 별개의 것이 아니라 서로 유기적인 연관성을 갖고 이어져 있음을 알게 됩니다. 이를테면 단어의 변천 과정에서 드러난 교훈을 알리기 위해 고사성어를 빌리기도 하였고, 인문학 고전을 인용하여 오랜 시간에 걸친 단어의 부침 과정을 보여주기도 하였습니다. 또한 단어에 투영된 의미를 설명하기 위하여 시사적인 사건과 상식을 끌어들이기도 했습니다.

그러므로 이 책은 영단어 또한 우리 인간과 마찬가지로 흥망성쇠의 과정을 거쳐 오늘에 이르렀다는 사실을 보여줍니다. 지금까지 무심하게 보아오며 지나쳤던 영단어가 왜 이런 의미를 갖게 되었는지, 또 어떤 사건을 겪었는지 그 뒷이야기를 듣게 됨으로써 그 단어와 더 친숙해지고 또 그 사용자들에 대하여 좀 더 깊이 이해할 수 있게 될 것입니다.

자, 그러면 그 이야기들을 들려드리기 위해 영단어의 숲으로 안내하겠습니다.

2014년 6월

노진서

삶 속에서

in vivo

in vivo

삶 속에서

01 attraction

예쁘면 다 돼

> attraction[ətrǽkʃən]
> ① 매력, 유혹, 끄는 힘
> ② 사람들 끄는 물건, 인기거리
> ③ 끌어당김, 견인
> ④ (물리) 인력

Oh, beauty premium!

농담으로 자주 하는 말인데 점점 진리가 될 것 같은 말이 있습니다. '예쁘면 다 용서가 돼'라는 말인데요. 사실 얼굴이 예쁘면 그 사람이 뭘 하든 다 예뻐 보입니다. 미소 지을 때만 예쁘겠습니까. 얼굴 찡그린 모습마저도 예뻐 보입니다. 이는 예나 지금이나 마찬가지입니다. 서시빈목西施矉目 또는 서시효빈西施效顰이란 고사성어를 보면 알 수 있죠.

서시西施는 중국의 전설적인 미인으로, 춘추전국시대 오왕吳王 부차夫差(?-B.C. 473)에게 패하여 수모를 당했던 월왕越王 구천勾踐(?-B.C. 465)이 부차에게 그녀를 바쳤죠. 미모가 얼마나 눈부셨던지 전해지는 고사에 의하면, 서시가 물가를 거닐자 물고기조차 지느러미 움직이는 것을 잊어 버려 바닥에 가라앉았다고 합니다. 그로 인해 침어侵魚 서시라는 별칭도 얻었지요.

한편 서시는 가슴앓이 병을 앓고 있어, 그 통증 때문에 늘 얼굴을 찡그리고 다녔다고 합니다. 허나 워낙 절세 미인이다 보니 찡그린 모습이 더 매력적이라고 남정네들은 야단법석을 떨었지요. 그러자 인근의 모든 여자들이 서시를 흉내 내어 너도나도 얼굴을 찡그리고 다녔다고 합니다.

준치는 썩어도 준치이듯, 얼굴을 찡그리든 인상을 쓰든 미인은 미인이라는 것 아니겠습니까. 서시의 빛나는 미모에는 찡그림은 전혀 문제가 되지 않았던 것이지요. 그 이유는 심리학에서 말하는 후광 효과halo effect 때문인데요. 후광 효과란 어떤 하나의 특성이 워낙 강해서 나머지를 모두 덮어 버리는, 그래서 그 하나의 특성이 전체를 대변하여 왜곡되는 현상을 말합니다.

후광 효과는 미국의 심리학자 에드워드 손다이크Edward L. Thorndike와 고든 올포트Gordon W. Allport가 미국 군대에 관한 연구를 하는 과정에서 발견한 것으로, 이를테면 장교들이 자신들의 부하를 평가할 때, 잘 생기고 자세가 바른 부하가 그렇지 않은 부하보다 임무 수행을 더 잘할 것이라고 생각한답니다. 즉, 용모가 상대의 평가에 영향을 준다는 것이지요. 이것을 미인의 경우에 적용해 보면 사람들은 예쁜 여자들이 뭐든 더 잘할 것이고 따라서 사랑도 더 잘할 것이라는 기대를 갖게 된다는 것입니다. 그러니 당연히 예쁜 여성에게 시선이 가고 이끌림을 당하는 것이지요.

이렇게 보면 서시효빈은 그냥 흘려버릴 옛날이야기가 아닙니다. 2천여 년이 지난 현재까지도 여전히 이어지고 있으니까요. 오늘날 유명 연예인의 후광 효과는 통신기술의 발달을 등에 업고 엄청난 위력을 발휘하고 있습니다. 보통 사람들은 잘생긴 유명 연예인이 몰고 다니는 후광 효과를 부러워 해 열심히 그 연예인의 모습을 흉내 내곤 하지요. 마치 서시의 찡그림을 따라했던 여자들처럼 말입니다. 헤어스타일이며 입은 옷이며 손에 든 가방이며…… 머리부터 발끝까지 모든 것을 따라 합니다. 아니, 왜 있잖습니까. 누구의 지갑이니 누구의 가방이니 누구의 옷이니 하면서 따라들 하지요. 그렇게 함으로써 마치 그 연예인이 된 것 마냥, 그래서 그들이 누리는 후광 효과를 가진 것으로 착각을 하는 것입니다.

후광 효과의 속편, 디드로 효과

그런데 이것이 한 번으로 그친다면 얼마나 다행이겠습니까. 욕망에 눈이 멀어 하나를 따라 하기 시작하면 다음, 또 그다음 것을 따라하게 됩니다. 마음에 드는 멋진 가방 하나를 구입합니다. 그러고 나면 문제가 생기지요. 거울을 바라보니 그 가방만 튀어 보입니다. 할 수 없이 구색을 갖추느라 명품 구두, 명품 옷, 명품 액세서리 등을 줄줄이 사들이게 되죠. 이른바 디드로 효과diderot effect가 나타나게 됩니다.

디드로 효과는 18세기 프랑스의 계몽주의 사상가였던 드니 디드로Denis Diderot(1713-1784)의 일화에서 유래된 것인데요. 이야기는 디드로가 친구로부터 선물로 받은 멋진 가운에서 시작됩니다. 디드로는 선물 받은 가운을 서재에 잘 걸어두었는데, 어느 날 문득 그 가운으로 눈길이 갔죠. 그러다가 고급스런 가운과 서재의 다른 물건들을 견주어 보게 되었고, 보면 볼수록 그 옷의 가치에 비해 서재의 물건들이 볼품없어 보였습니다. 심지어 격에 맞지 않는다는 생각까지 하게 되었죠. 결국 디드로는 그때까지 잘 쓰던 멀쩡한 가구들을 버리고 고급 옷에 맞추어 가구를 하나씩 바꾸기 시작했습니다. 책상에서 시작하여 의자, 책꽂이, 시계 등을 모두 고급품으로 바꾸어 버렸습니다.

디드로의 이런 행태는 3백 년의 세월을 뛰어넘어 오늘날 되살아나고 있습니다. 더구나 디드로의 후예들은 외부적인 것에 그치지 않고 이제는 얼굴과 몸까지 바꾸고 있습니다.

후광 효과의 원인은 선택적 기억

그렇다면 예쁘면 모든 것이 다 용서되는 후광 효과는 어떻게 생겨나는 걸까요? 바로 우리가 주위의 자극을 인식할 때 선택적 집중을 하기 때문입니다. 이는 더 나아가 선택적 기억selective memory으로 이어지게 되는데, 그 결과 우리는 강하게 각인된 것만을 기억하고 그것을 제외한 모든 것, 말하자면 중요하지 않은 것으로 제쳐 놓은 것은 곧바로 잊어버립니다. 차를 막 몰기 시작했던 초보 운전 시절을 떠올려 보세요. 핸들을 꽉 잡고 오로지 앞만 보고 달리는 것에 온 신경을 집중하느라 지나는 길에 어떤 건물이 있었는지 어떤 풍경이었는지 전혀 기억이 나지 않았던 적이 있을 것입니다. 이러한 현상을 무기 집중 효과weapon focus effect라고 합니다.

다른 예로, 은행에 강도가 들었다고 가정해 봅시다. 은행 강도는 창구 직원에게 총을 들이대고 위협을 가할 겁니다. 강도가 돈 가방을 챙겨 도주하고 나면 곧이어 경찰관이 출동하여 사건을 조사하기 시작하겠죠. 먼저 은행 직원에게 강도의 인상착의를 묻겠지요. 그런데 은행 직원은 자신의 머리를 겨누고 있던 총의 모양은 아주 선명하게 기억하는데 반해 범인의 얼굴은 기억하지 못합니다. 왜 그럴까요? 그것은 은행 직원이 자신의 목숨이 달린 총에만 신경을 썼지, 정작 총을 겨누고 있던 범인에게는 주의를 기울이지 못했기 때문입니다.

마찬가지입니다! 예쁜 여성을 보면 그 예쁜 모습에만 온 정신을 쏟기 때문에 그 외의 다른 것은 눈에 들어오지 않습니다. 그러니 그녀의 예쁜 모습 외에는 다른 어떤 점도 기억나지 않는 것입니다. 가끔 유명 여배우의 연기력이 도마 위에 오르곤 합니다. 하지만 그녀의 극성 남성 팬들은 그 여배우의 미모에 정신이 팔려 부족한 연기력 따위는 안중에도 없을 것입니다.

사물과 사람을 움직이는 '끌어당김'의 매력

라틴어 trahere(잡아끌다) ⇒ tract(끌어당기다)
ad-+tract ⇒ attract(끌어당기다) / attraction(매력)

예쁘면 다 된다는 뷰티 프리미엄! 이것의 핵심은 사람을 끌어당긴다는 것 아니겠습니까. '끌어당기다'를 뜻하는 어휘 attract는 원래 라틴어 trahere(잡아끌다)에서 유래된 tract였습니다. 15세기 말까지 tract가 끌어당기다의 의미로 사용되다가 16세기 중엽, 앞에 접두어 ad-가 붙어 attract(끌다, 유혹하다)와 attraction(끌림)이 파생된 것이죠. 이후 17세기에 은유의 확장으로 '사람들의 매력, 볼거리'라는 의미까지 갖게 되었고, 19세기 중엽에는 이 의미가 무생물에까지 확대되어, 예를 들면 an attractive resort(매력적인 휴양지)로도 사용되기 시작했습니다.

한편, 1900년 초반 미국에서는 coming attractions라는 어휘가 영화관에서 사용되었습니다. '다가오는 볼거리'란 의미로, 영화의 예고편을 지칭하는 말이었지요. 그러다가 언제부터인가 그 어휘를 trailer로 바꿔 쓰기 시작했습니다. 원래 trailer는 '자동차 뒤에 매여서 딸려 가는 짐차'를 뜻합니다. 본 영화의 시작에 앞서 보여주는 것이 예고편인데 왜 뒤에 딸려 가는 것을 뜻하는 trailer라고 했을까요?

예전에는 본 영화를 다 보여주고 난 후에 개봉될 영화의 예고편을 보여 주었습니다. 그래서 본 영화가 끝난 후에 이어서 따라 나오기 때문에 trailer라고 했던 것이지요. 그런데 영화가 끝나면 바로 자리를 뜨는 관객들 때문에 예고편은 그 효과를 기대할 수 없었습니다. 고민 끝에 영화관계자들은 본 영화를 상영하기 이전에 먼저 예고편을 보여주기로 했고, 그러다 보니 뒤에 따라 오는 예고편, trailer는 다른 어휘로 바꾸어야 했습니다. 하지만 사람들은 경로 의존성이 강해 한 번 정해진 것은 틀린 것이라도 쉽게 바꾸지 못합니다. 안경 렌즈가 플라스틱으로 바뀐 요즘도 여전히 glasses(유리 렌즈)라고 하듯이 한 번 trailer라고 했기 때문에 그냥 trailer인 겁니다.

사람들은 한 번 이끌리게 되면 한동안은 계속 그렇게 이끌려가게 됩니다. 어떤 계기가 주어져 강제로 멈추기 전까지는 말입니다. 어쩌면 가속도까지 붙어서 더 빠르고 강하게 이끌려 갈 수도 있습니다. 그것은 보이지 않는 힘 때문인데요. 그것이 바로 '매력'입니다!

 tract(=to draw, 끌다)

contract[kántrækt] ⟨con-(=together)+tract⟩ 계약하다, 계약
detract[ditrǽkt] ⟨de-(=down from)+tract⟩ (가치, 신용을) 떨어뜨리다, 공제하다
distract[distrǽkt] ⟨dis-(=apart)+tract⟩ (주의를) 흩뜨리다
extract[ikstrǽkt] ⟨ex-(=out)+tract⟩ 뽑다, 추출하다
retract[ritrǽkt] ⟨re-(=back)+tract⟩ 수축시키다, 취소하다, 철회시키다

▶같은 듯 같지 않은 단어들

• deadly[dédli] 죽음의, 치명적인, 심각한, 죽은 것 같이, 몹시, 대단히

  I thought he was smiling but he was deadly serious.
  내 생각에 그는 웃고 있지만 몹시 심각하다.

• deathly[déθli] (비유적으로) 죽음의, 치명적인, 죽은 듯이

  When he came in, a deathly silence fell on the room.
  그가 들어오자 방에는 쥐죽은 듯 한 침묵이 흘렀다.

• fatal[féitl] 치명적인, 파멸적인

  There was one fatal flaw in the computer program.
  그 컴퓨터 프로그램에는 한 가지 치명적인 결점이 있었다.

• fateful[féitfəl] 운명적인, 결정적인, 중대한

  He made the fateful decision to close down his factory.
  그는 자신의 공장을 폐쇄하는 중대한 결정을 내렸다.

Better a castle of bones than of stones.
돌보다는 이왕이면 단단한 뼈가 좋다. 같은 값이면 다홍치마.

CHAPTER 1 _ in vivo, 삶 속에서
015

02 bus
양지가 음지되고 음지가 양지된다

> bus[bʌs]
> ① 버스, 승합차
> ② 단거리 왕복 여객기
> ③ 우주선의 모선
> ④ 버스에 타다, 버스로 나르다

왜 내가 서 있는 계산대 줄만 느릴까?

나이가 들어가면서 '인간만사 새옹지마人間萬事 塞翁之馬'라는 말을 참 많이 듣게 됩니다. 새옹지마는 중국의 변방에 살던 노인이 키우던 말이라는 뜻으로, 『회남자淮南子』인생훈 편에 실린 고사에서 유래된 것입니다.

북쪽 국경 지방에 한 노인이 말을 키우며 살았는데, 어느 날 말이 국경을 넘어 달아나 버렸습니다. 이웃사람들은 노인이 상심할까 걱정하며 위로했습니다. 하지만 노인은 무덤덤할 뿐이었습니다. 얼마 후 달아났던 말이 여러 마리의 새끼말과 함께 돌아왔고 사람들은 노인을 찾아가 그 일을 축하해 주었습니다. 그러나 노인은 재앙이 닥칠지 모른다며 별로 좋아하지 않았습니다.

과연 얼마 지나지 않아 노인의 아들이 말을 타다 떨어져 다리가 부러지는 바람에 다리를 절게 되었습니다. 사람들은 노인을 위로해 주었죠. 하지만 이번에도 노인은 담담한 모습을 보일 뿐이었습니다. 그로부터 얼마 후, 북쪽 오랑캐가 침입해 나라에서는 모든 젊은이들을 군대로 차출했습니다. 마을의 젊은이들 모두가 전쟁터로 내몰렸고 그들 대부분은 살아 돌아오지 못했습니다. 하지만 다리를 다친 노인의 아들은 집에 남게 되어 목숨을 부지할 수 있었습니다.

비단 이 고사의 내용이 아니더라도 살아갈수록 사람의 일은 한치 앞도 알 수 없다는 사실을 실감하게 됩니다. 틀림없이 성사되리라고 생각했던 일들이 어긋나기도 하고 반대로 불가능할 거라 생각해서 포기했던 일들이 의외로 잘 풀리기도 하니까요.

그런데 이상하게도 경험한 바로는 좋은 결과를 예상하고 기다릴 때보다 나쁜 일을 걱정할 때 그것이 현실로 나타나는 경우가 훨씬 더 많은 것 같은 건 왜일까요. 소위 '머피의 법칙'이라고 하는 것 말입니다. 이 용어는 1949년 미국 공군기지에서 근무하던 머피Edward A. Murphy로 인하여 생겨났습니다.

당시 엔지니어였던 머피는 항공기 추락 사고에 대비하여 안전장치 실험을 하고 있었습니다. 실험 직전 머피는 조수에게 센서를 붙이라고 지시했고, 순간 조수가 착오로 센서를 바꿔 부착하면 큰일이라는 생각이 들었지만 설마 그렇게 할까라는 생각에 그대로 맡겼습니다. 그런데 설마가 사람 잡지 않습니까. 우려했던 대로 조수가 센서를 바꿔 붙이는 바람에 실험은 엉망이 되고 말았습니다. 머피는 화가 나서 조수를 향해 이렇게 소리쳤지요. "저 자식은 실수할 것 같다라면 꼭 실수를 저지른다니까……."

머피의 이 말은 입에서 입으로 전해졌고, 그 결과 '잘못될 가능성이 있는 일은 꼭 잘못 된다'라는 머피의 법칙이 탄생하게 되었지요. 머피의 법칙은 '버터 바른 토스트의 법칙'이라는 또 다른 이름으로도 불리는데, 실수로 버터 바른 토스트를 떨어뜨리게 되면 제발 버터 바른쪽이 아니길 바라지만 우려대로 버터 바른쪽이 바닥에 닿아 있는 것을 목격(?)하게 됩니다.

하기야 따지고 보면 머피의 법칙이 그리 특별한 것은 아닙니다. 마트에서 계산을 할 때를 생각해 보세요. 계산대에 사람들이 두 줄로 서 있을 때, 내가 서 있는 줄이 다른 줄보다 빨리 줄어들 확률은 50%입니다. 만일 세 줄로 서 있다면 내가 서 있는 줄이 줄어들 확률은 33%, 다른 두 줄이 빨리 줄어들 확률은 67%가 됩니다. 그러니 당연히 내가 서 있는 줄은 다른 두 줄보다 빨리 줄어들 가능성이 낮습니다. 그런데 사람들은 늘 자기가 운이 없다고 생각합니다. 충족되기 쉽지 않은 너무나 큰 욕망을 갖고 있기 때문이겠지요.

어설픈 판단의 근거, 대표성 휴리스틱

이처럼 사람들이 늘 정확한 통계와 확률에 근거하여 판단을 내리는 것은 아닙니다. 그저 눈앞의 문제를 빨리 해결하기 위하여 주먹구구식의 직관적 판단에 의존합니다. 이를테면 사람들은 어떤 문제에 직면했을 때 해답에 도움이 되는 정확한 근거를 찾아보는 것이 아니라 그 문제와 관련 있는 대표적 사례, 다시 말해 자신이 표준이라고 믿고 있는 것에 견주어 볼 뿐입니다. 이 직관적 판단의 기준이 되는 대표성 또는 대표적인 사례를 대표성 휴리스틱representativeness heuristic이라고 합니다. 휴리스틱heuristic은 '스스로 발견하는'을 뜻하므로 대표성 휴리스틱이란, 어떤 일에 대한 판단을 내릴 때 스스로 대표성을 가진 것을 찾아내 판단한다는 의미가 됩니다.

예를 들어, 비행기 사고와 흡연 중에서 어느 것이 더 위험한 것인가라는 질문을 받으면 사람들은 과학적으로 연구된 실험 결과를 떠올리지 않고, 비행기 추락사고와 흡연에 관하여 자신의 머리에 기억된 장면을 떠올립니다. 아무래도 흡연 때문에 폐암으로 고생하는 사람들의 모습보다는 비행기 추락사고 현장이 더 생생하게 기억나겠지요.

해서 사람들은 통계자료를 검토해 보지도 않고 흡연보다 비행기 추락사고가 훨씬 더 위험하다고 결론을 내리게 됩니다. 사실 폐암 환자는 5년 안에 사망할 확률이 높은데 폐암의 주된 발병 원인이 바로 흡연입니다. 이렇듯 사람들은 어떤 판단을 내릴 때 정확한 판단을 위한 근거 자료보다는 자신의 기억에 의존하는 경향이 있습니다.

하긴 세상사가 워낙 다양하고 복잡해지다 보니 예상하지 못한 의외의 결과들이 늘 우리 곁에서 일어납니다. 우리가 보편적인 것으로 여기던 것들이 오류로 판명되기도 하고 또 새로운 법칙이 만들어지기도 합니다.

파레토 법칙 vs 롱테일 법칙

한 예로 경제학자 파레토Vilfredo Pareto(1848-1923)가 발표한 파레토 법칙pareto principle이 있습니다. 20%의 국민이 전체 부의 80%를 갖고 있다는 주장으로 20:80 법칙이라고도 불리죠. 이 법칙은 어느 한 나라에만 국한되는 것이 아니라 세계 어느 국가의 경우에도 들어맞습니다. 더 놀라운 것은 다른 영역에도 잘 적용된다는 겁니다. 예를 들면 모 백화점의 20% 주력 상품 매출이 그 백화점 전체 매출의 80%를 차지한다는 것, 능력 있는 직원 20%가 회사 전체 업무의 80%를 담당한다는 것, 20%의 교통 법규 위반 상습범의 위반 건수가 전체 교통 법규 위반 건수의 80%를 차지한다는 것 등입니다. 파레토 법칙은 신기할 정도로 여러 부문에 잘 들어맞습니다.

그런데 법칙지사 새옹지마인가요? 이 신통방통한 파레토 법칙이 통하지 않는 곳이 생겼습니다. 바로 인터넷 서점 아마존amazon의 경우인데요. 아마존의 매출 실적을 보면 전체의 80%에 해당하는 책들은 1년에 한두 권 팔리는 인기 없는 책들입니다. 이 인기 없는 책들의 매출이 상위 20%에 랭크된 인기도서의 매출보다 훨씬 크다고 합니다. 이처럼 파레토 법칙이 깨어진 이유는 인터넷을 통한 소비자의 선택이 넓어지면서 상위 20%, 즉 머리 부분보다는 80%에 해당하는 꼬리 부분이 전에 없던 위력을 발휘했기 때문입니다.

이 새로운 현상을 가리켜 롱테일 법칙long tail principle 또는 파레토 법칙과는 상반되는 것이어서 역遊 파레토 법칙이라고 부릅니다. 롱테일 법칙은 미국의 크리스 앤더슨Chris Anderson이 처음 언급하였는데 주로 디지털 경제에 나타난 새로운 양상을 언급할 때 많이 사용됩니다.

만물지사 새옹지마

프랑스어 voiture omnibus(모든 사람을 위한 교통수단)
라틴어 omnibus(모두를 위하여) ⇒ bus

이렇게 보면 기존의 질서와 규범은 한시적인 것이고 그것을 깨는 것들이 언젠가는 꼭 나타나는 것 같습니다. 이는 언어에도 마찬가지인데요. bus의 경우가 이에 속합니다. bus는 기존의 어휘들이 생기는 과정과는 사뭇 다른 특이한 사례라 할 수 있는데 그 파생 과정을 살펴보면 다음과 같습니다.

프랑스어에 voiture omnibus라는 표현이 있습니다. voiture는 마차와 같은 '운송수단'을 가리키는 말이며, omnibus는 라틴어로 '모두를 위하여'라는 뜻입니다. 즉, voiture omnibus는 '모든 사람들을 위한 교통수단'을 말하죠. 그중 omnibus의 끝음절 -bus는 '위하여'라는 뜻의 접미사인데 라틴어 어법에서 접미사 -bus는 단독으로 의미를 가지고 쓰일 수 없습니다. 한 마디로 존재감이 없는 어휘인 셈이지요.

이 voiture omnibus가 영어에 유입되는 과정에서 voiture는 탈락되었고 omnibus가 단독으로 육상의 대중교통 수단을 의미하는 말로 쓰이기 시작했습니다. 이후 omnibus에서 omni-가 탈락하고 bus만 남게 되어 이것이 육상 교통수단을 지칭하는 어휘가 되었죠. 결국 단독으로 의미를 가지고 쓰일 수 없었던 구성요소 bus가 오늘날 대표적인 교통수단을 가리키는 말이 된 것입니다.

글쎄요, bus의 경우처럼 어휘조차 그 앞날을 점치기 어려우니 정말이지 만물지사 새옹지마가 아닌가 싶습니다.

vert, vers(=to turn, 돌리다) / omni(=all, 모든)

convert[kənvə́:rt] ⟨con-(=together)+vert⟩ 바꾸다, 전환시키다
divert[divə́:rt] ⟨di-(=apart)+vert⟩ 돌리다, 전용하다
omnibus[ɑ́mnəbʌ̀s] ⟨omni+bus(=for)⟩ 염가판 작품집, 옴니버스, 총괄적인
omnipotent[ɑmnípətənt] ⟨omni+pot(=power)+-ent(=able)⟩ 전지전능한
reverse[rivə́:rs] ⟨re-(=back)+vers⟩ 거꾸로 하다, 반대로 하다

▶같은 듯 같지 않은 단어들

- affluence[ǽflu(:)əns] 계층 또는 지역이 부유한 상태, 풍요, 유복

  One of the characteristics of our society is private affluence and public squalor.
  우리 사회의 특징 중 하나는 사적으로는 풍요이고 공적으로는 열악함이다.

- riches[rítʃiz] (주로 시나 문학 작품에서) 재물이나 돈이 많아 부유함

  He donated a sizeable portion of his riches to his alma mater.
  그는 재산의 상당 부분을 자신의 모교에 기부했다.

- prosperity[prɑspérəti] 번창, 번영, 성공, 부유

  Rome was enjoying a period of peace and prosperity at that time.
  로마는 그때 평화와 번영의 시대를 누리고 있었다.

- wealth[welə] 개개인의 부, 재산, 부유함

  The purpose of business is to create wealth.
  비즈니스의 목적은 부를 창출하는 것이다.

Fortune turns like a mill wheel; now you are at the top, and then at the bottom.
운명은 물레방아와 같아서 꼭대기에 있다가도 아래로 곤두박질친다.

CHAPTER 1 _ in vivo, 삶 속에서

021

03 candidate
손바닥으로 하늘을 가리세요

candidate[kǽndidèit]
① 후보자
② 지원자, 지망자
③ ~이 될 듯한 사람

타인의 관심 끌기

녹음이 짙어가는 계절을 떠올려 보세요. 풀숲에서는 풀벌레 소리가 들려오고, 울창한 나무 사이로 새들의 지저귐이 한창입니다. 헌데 우리가 무심코 듣는 이런 소리들이 생물학적인 필요에 의해서 내는 소리라는 사실을 아시나요? 다른 개체의 관심을 끌고자 내는 구애의 노랫소리라는 겁니다.

일례로 가을의 전령사인 귀뚜라미를 볼까요. 귀뚜라미의 수컷은 윗날개를 높이 세우고 좌우로 비벼서 소리를 냅니다. 이 힘든 작업을 10시간 이상 계속하는 성실한 수컷도 있습니다. 그런데 뛰는 놈 위에 나는 놈 있듯이, 근처에 숨어 있다가 성실한 수컷을 찾아오는 암컷에게 자기가 그 성실한 수컷인 양 사칭하는 사기범도 있다고 합니다.

또 새들 중에는 암컷에게 인기 있는 수컷의 노랫소리를 열심히 흉내 내는 수컷이 있습니다. 인기 있는 목소리를 성대모사하면서 모창을 하는 것이지요. 유명 가수들의 모창을 잘하는 사람이 인기를 얻는 것과 흡사합니다. 아무튼 어떤 방법을 써서라도 다른 개체의 관심을 이끌어 내려는 본능적인 행동은 생물계의 공통적인 현상인 것 같습니다.

특히나 이런 점에 있어서 인간의 본능은 무한확장 중입니다. 헤어스타일부터 화장, 옷, 구두, 심지어 성형 수술까지 동원하여 정성을 다해 외모를 가꾸니 말입니다. 물론 이것은 자신이 의식하는 이성의 관심을 이끌어내려는 본능이자 이해가 얽힌 목적 행위라 할 수 있습니다. 그런데 세상사에는 이러한 개인 간의 관심 끌기만 있는 것은 아닙니다.

생각해 보세요. 우리는 날마다 귀찮을 정도로 많은 광고성 문자와 메일을 받습니다. 더구나 예전엔 필요 없는 정보가 많아 그냥 별생각 없이 무시했다면 요즘에는 메일이나 문자를 보고 깜짝 놀랄 때가 있습니다. 쇼핑몰에서는 내 피부 특성에 맞는 신제품을 골라 홍보 문자를 날리고, 대형 서점에서 온 메일은 나의 관심 분야의 신간을 소개하고 있고, 또 차의 엔진오일을 교환할 때쯤이면 어떻게 알았는지 카센터에서 문자와 메일이 시기적절하게 옵니다.

이것은 컴퓨터와 인터넷이 발달한 덕분에 가능해진 것이겠지요. 그리고 기업에서 기업에 대한 소비자의 관심을 이끌어 내기 위해 기획된 결과물입니다. 이와 같은 기업의 마케팅 활동을 고객관계관리CRM(customer relationship management)라고 합니다. 컴퓨터를 이용하여 고객 정보를 분석한 후 고객의 특성에 맞추어 마케팅을 하는 겁니다. 고객의 취향이나 관심에 맞추어 선택과 집중을 하기 때문에 당연히 무작위, 무차별 마케팅보다는 훨씬 더 효과적일 수밖에 없습니다.

단순 노출 효과

어쨌든 개인이든 기업이든 무엇을 얻고자 할 때 자신이 선택한 상대로부터 관심을 이끌어 내야 합니다. 여기 상대의 관심을 끌 수 있는 여러 방법 가운데 의외로 간단한 방법이 있습니다. 우연이든 필연이든 자주 마주치는 겁니다. 학창 시절을 돌이켜 보세요. 도서관에 자주 가다 보면 매번 마주치는 학생이 있습니다. 처음에는 마주쳐도 그냥 대수롭지 않게 지나치게 되지만 자꾸 마주치다 보면 눈인사 정도는 나누게 됩니다. 그러다가 시일이 경과하고 어느 날 캠퍼스에서 우연히 만나게 되면 반갑게 인사를 나누게 됩니다. 그 이후에는 도서관이든 다른 장소든 어디에서 만나도 반가워하게 됩니다.

이것은 미국의 사회심리학자 로버트 자욘스Robert B. Zajonc(1923-2008)의 연구 결과입니다. 그에 따르면 어떤 의도를 가지고 마주치든 아니면 우연히 마주치든 자주 마주칠수록 두 사람은 서로에게 호감을 갖게 된다고 합니다. 이것을 단순 노출 효과mere exposure effect 또는 친숙성 원리familiarity principle라고 하는데요. 여기에는 조건이 있습니다. 우선, 첫 마주침에서 상대에 대한 부정적인 이미지가 형성되지 않아야 한다는 것인데요. 좋아서 끌리는 이미지는 아니더라도 최소한 아주 싫어할 정도는 아니어야 호감도가 올라갈 수 있다고 합니다. 또 다른 요건은 두 사람이 거처하는 곳이 가까워야 그 효과가 커진다는 것입니다. 만약 대학 시절을 기숙사에서 지냈다면 이와 같은 경험이 있을 겁니다. 복도 끝 방에 있는 학생들보다 또는 다른 층에 있는 학생들보다도, 바로 앞방이나 옆방의 학생들과 더욱 친하게 되는 경험 말입니다.

단순 노출 효과는 사람과 사람 사이에만 적용되는 것은 아닙니다. 라디오나 TV 광고를 보세요. 기업에서 왜 그 많은 비용을 들여가며 똑같은 광고를 수도 없이 반복할까요? 그렇습니다. 바로 단순 노출 효과 때문입니다. 반복해서 보고 듣다 보면 처음에는 아무런 생각이 없다가도 곧 호감이 생깁니다. 마주치면 칠수록 호감도는 점점 상승하겠지요. 그러다 보면 단순 노출 효과로 인하여 광고 카피가 친근하게 들립니다. 처음에는 말도 안 되는 억지와 과장된 내용이었을지라도 계속해서 반복되면 결국에는 그것이 '지당하신 말씀'처럼 들리게 되는 것이지요.

이러한 단순 노출 효과의 특성을 가장 잘 이용하는 사람들이 있습니다. 다름 아닌 정치인들인데요. 국회의원들을 보세요. 표를 얻기 위해 시장과 같이 사람들이 많이 모여 있는 곳에 나타납니다. 자주 보면 호감도가 상승하니 부지런히 다니면서 사람들을 만나는 것입니다. 하지만 잘 알다시피 이들은 유권자의 표를 얻어 당선되는 순간부터 단순 노출 효과를 의식하지 않습니다.

흰색 토가를 입어주세요!

라틴어 candere(하얗게 하다) ⇒ candidus(하얀)
⇒ candidatus(하얀 토가를 입고 있는) ⇒ candidate(후보자)

이런 정치인들의 이중성은 오랜 전통인지도 모르겠습니다. 자고로 정치인들의 기본 덕목은 청렴, 결백 아니겠습니까. 고대 로마시대 역시 관직에 나설 사람들은 청렴·결백해야 했습니다. 그래서 자신이 결백과 정직, 그리고 지조를 지니고 있으며 누구보다 그 자리에 적격이라는 것을 보여주고자 하였죠. 그 일환으로 그들은 깨끗한 흰색을 최대한 활용했는데 그중 한 방법으로 하얀 석회가루를 문질러 흰색 토가(망토 모양의 겉옷)를 만들어 두르고 다녔습니다.

이 모습을 보고 로마의 시인 페르시우스Aulus Persius Flaccus(34-62)는 '회칠한 야망'이라고 풍자하였지요. 흰옷을 입는다고 그 사람이 갑자기 결백해지거나 솔직해질 리가 있겠습니까? 사람들이 양포지구楊布之狗는 아니니까요.

양포는 약 2천 년 전 중국 전국시대에 살았던 사람입니다. 어느 날 아침, 양포는 흰옷을 입고 집을 나섰는데 그날 비가 많이 내려 돌아왔을 때는 입고 나갔던 흰옷이 검은 옷으로 변해버렸습니다. 그러자 양포가 기르던 개가 그를 알아보지 못하고 마구 짖어댔습니다. 화가 난 양포가 지팡이로 개를 때리려 하자, 그의 형 양주가 말리며 이렇게 말했습니다. "개에게는 아무 잘못이 없다. 흰옷이 검은 옷으로 바뀌었으니 미천한 능력을 가진 개가 어떻게 너인 줄 알아차리겠느냐!"

그렇습니다. 양포의 개는 개이기 때문에 모습이 변한 주인을 바로 알아보지 못한 것은 당연합니다. 하지만 사람들은 다 알지 않습니까? 사기범 귀뚜라미, 성형 미인, 정치 후보자가 겉모습만 바꾸어 속이려 한다는 것을요. 우리는 양포가 기르던 개처럼 지능이 낮지 않으니까요. 아무리 갈색 토가에 회칠을 하더라도 갈색 토가는 갈색 토가이고 흠결이 많은 후보자가 아무리 흰색 옷을 입더라도 사람들은 결점이 많은 본 모습을 알아보기 마련입니다.

어쨌든 로마 거리에는 흰색의 토가를 입고 다니는 정치인들이 많았는데요. 그것을 지칭하는 말이 바로 candidatus(하얀 토가를 입고 있는)입니다. 이것은 candidus(하얀)에서 나왔는데, 동사 candere(하얗게 하다)에서 파생된 것입니다. 그리고 라틴어 동사 candere에서 파생된 candidum에서 프랑스어 candide가 나왔고, 17세기에 이르러 candid(솔직한)가 영어에 들어왔습니다.

참고로 라틴어 동사 candere에서 candle(양초)이 파생되었는데요. 이것은 6세기 말 기독교가 잉글랜드에 전파될 때 candela로 유입되었다가 고대 영어에서 candel로 바뀐 것입니다. 이 어휘는 17세기에 프랑스어로부터 다시 유입되어 프랑스어식 철자로 바뀌면서 chandelier는 '촛대나 초를 만드는 사람'이라는 의미로 쓰이기도 했죠. chaundeler라는 철자로 쓰이기도 했는데 이 프랑스어식 철자가 chandelier로 고정되면서 오늘날의 샹들리에가 나왔습니다.

여기서 이상한 점은 candidus에서 유래된 candor(공정, 정직)과 candid(솔직한)에는 candidus의 원래 뜻인 '하얗다'는 의미를 찾을 수 있습니다. 그러니까 하얗고 밝아서 명명백백하다는 의미가 남아 있는 셈이지요. 그런데 정치와 관련된 어휘 candidate(후보자, 지원자)에는 하얗다는 candidus의 의미가 남아 있지 않은 것은 의미심장합니다. 글쎄요, 예나 지금이나 정치판은 깨끗하지 않다는 사실을 방증하는 예가 아닐까요?

lus-, luc-, lum-(=light, 빛) / cand-, cend-(=white, 순수한;
to shine, 비추다; to burn, 태우다) / vid, vis(=to see, 보다)

elucidate[ilú:sədèit] ⟨e-(=out)+luc(id)+-ate(=to make)⟩ 밝히다, 설명하다
illuminate[ilú:mənèit] ⟨il-(=in)+lum(in)+-ate(=to make)⟩ 비추다, 설명하다
luminary[lú:mənèri] ⟨lum(in)+-ary(n. suffix)⟩ 발광체, 선각자
visible[vízəbəl] ⟨vis+-ible(=that can be)⟩ 보이는, 분명한, 볼 수 있는
provision[prəvíʒən] ⟨pro-(=before)+vis+-ion(n. suffix)⟩ 예비, 준비, 식량
televise[téləvàiz] ⟨tele-(=far)+vis⟩ (텔레비전으로) 방송하다

▶같은 듯 같지 않은 단어들

• charge[tʃɑːrdʒ] 특정 서비스를 사용했을 때 응당 지불해야 할 비용, 요금

There's a 50cent booking charge for each ticket.
표 하나당 예약하는데 50센트의 요금이 들어간다.

• fare[fɛər] 모든 교통수단을 이용할 때 지불하는 요금, 운임

They could barely afford the taxi fare.
그들은 겨우 택시 요금을 지불할 수 있었다.

• fee[fiː] 입장료, (모임이나 협회의) 가입비, 수수료, 사례비, (의사의) 진찰비

Museum entrance fees have gone up to $20.
박물관 입장료가 20달러까지 올랐다.

04 company

빵을 나누어 먹는 사람

---

company[kʌmpəni]

① (사람들의) 무리, 동아리, 친구
② 교제, 사귐
③ (사교적인) 회합, 협회, 일행
④ 회사, 조합, (군대 조직의) 중대
⑤ 사귀다, 따르다

개미의 입맞춤은 나눔의 행위

풀밭에 앉아서 줄지어 기어가는 개미들을 관찰해 본 적이 있나요? 그 개미들을 지켜보다 보면 신기한 광경을 목격할 때가 있습니다. 다름 아닌 마주치는 개미들이 서로 입맞춤을 하는 모습인데요. 개미들의 입맞춤은 자신이 저장하고 있던 먹이를 토해내어 굶주린 동료에게 나주어 주는 행위라고 합니다. 그 옛날 로마인들도 개미들의 이런 입맞춤을 목격했나 봅니다.

그런데 로마인들은 개미들의 입맞춤에 대해 오해하고 있었습니다. 그들은 개미들의 입맞춤이 개미 집단의 유대 관계를 더욱 공고히 하고 개미 사회의 결속을 가져온다고 생각했습니다. 그래서 로마인들은 그것을 모방하여 아주 특별할 때 자신들도 입맞춤을 하게 된 것입니다. 가톨릭에서 사용하는 친구親口의 의미를 아시나요? 가톨릭에서 친구란 존경하고 숭배하는 대상에게 입맞춤을 하는 것입니다. 이러한 관습이 확산되면서 아주 친밀한 관계에 있는 사람 간의 입맞춤이 시작되었고 아기와 부모, 연인들 사이의 입맞춤이 오늘날까지 이어지게 된 것이죠.

살아가면서 자신의 것을 남에게 내주기란 쉽지 않습니다. 하물며 먹을 것이 귀하던 시절, 생사의 갈림길에서 먹을 것을 나눌 수 있음은 피를 나눈 부모형제뿐일 것입니다. 그런데 어려울 때 마치 부모형제처럼 서로를 도와주며 참다운 우정을 나누는 이들도 있습니다. 그중에 가장 모범적인 친구의 표본으로 알려진 사람들이 있는데요. 바로 사마천司馬遷(B.C. 145?-B.C. 86?)의 『사기史記』에서 관포지교管鮑之交라는 고사성어로 유명한 관중管仲과 포숙아鮑叔牙입니다.

참다운 친구 사귐의 표본, 관포지교

관중과 포숙아는 기원전 7세기경 춘추시대 제나라 사람으로, 둘은 어려서부터 우정이 두터웠죠. 성인이 된 이후에도 그들의 우정은 변함이 없었습니다. 한때 둘은 같이 장사를 했는데, 이익을 나눌 때마다 관중이 더 많이 가져가자 포숙아의 식구들이 불만을 토로했습니다. 그러자 포숙아는 관중이 욕심을 부리는 것이 아니라 자신보다 식솔이 더 많기 때문이라고 그를 감싸 주었습니다. 관중이 어떤 일을 도모하다 잘못되었을 때도 포숙아는 그가 우둔해서 그런 것이 아니라고 변명해 주었으며, 관중이 벼슬길에 나갔다가 쫓겨났을 때도 그가 못난 것이 아니라 때를 못 만났을 뿐이라고 옹호했습니다. 또한 관중이 전쟁에 나갔다가 도망쳐 왔을 때도 포숙아는 그가 노모를 모셔야 하기 때문이며, 관중이 자결하지 않은 것은 언젠가 후에 큰일 할 때를 기다리기 때문이라고 두둔해 주었습니다.

두 사람이 함께 제나라 조정에 들어가고 나서 얼마 후, 제후였던 양공의 탄압으로 관중은 공자 규와 함께 노나라로, 포숙아는 공자 소백과 함께 거나라로 각각 망명길에 오르게 되었습니다. 마침내 실정을 범하던 제나라 양공이 피살되자 비어 있는 옥좌를 놓고 치열한 쟁탈전이 벌어지게 되었고 상황은 가까운 거나라에 망명하던 포숙아에게 유리하게 전개 되었습니다. 실태를 파악한 관중은 별동

대를 이끌고 달려와 제나라로 향하는 길목에서 기다렸다가 포숙아와 함께 귀국 길에 오른 소백을 암살할 계획을 세웁니다. 친구인 포숙아 생각에 순간 마음이 흔들렸지만 관중은 이내 결심을 굳히고 소백의 복부에 화살을 명중시킵니다. 포숙아 진영의 울음소리를 들으며 승리를 예감한 관중은 주군인 규를 모시고 제나라로 돌아옵니다.

하지만 제나라에 들어선 관중은 깜짝 놀랐습니다. 죽은 줄 알았던 소백이 제후가 되어 권좌에 앉아 있는 겁니다. 사실인즉슨, 관중이 쏜 화살이 천우신조로 소백의 허리띠에 맞아 큰 부상을 면했을 뿐아니라 일부러 죽은 척하여 관중과 그의 군사들을 방심하게 만들었던 것입니다. 제후를 살해하려고 시도했으니 남은 것은 죽음뿐, 관중이 모시던 규는 자살하였고 관중도 포박을 당하여 끌려 왔습니다. 이때 포숙아는 관중을 중용할 것을 간청합니다. 자신은 작은 나라의 재상을 감당할 수는 있지만 앞으로 제나라를 대국으로 키우려면 관중이 적임자라 말하면서 자신이 맡고 있던 재상 자리도 관중에게 양보합니다. 재상에 오른 관중은 마치 보은이라도 하듯이 제나라를 가장 강한 부국으로 만들었습니다. 후에 관중은 이렇게 말했다고 하죠. "자신을 낳아 준 사람은 부모님이지만 자신을 알아준 사람은 포숙아라고."

물론 포숙아가 있었기에 관중이 대업을 이룰 수 있었지만 자신의 성공과 업적을 친구인 포숙아의 공으로 돌리는 관중의 됨됨이도 범상치는 않습니다. 『논어論語』에도 '다른 사람이 나를 알아주지 않음을 염려하지 말고 내가 다른 사람을 알지 못함을 걱정하라'는 구절이 있지 않습니까. 서로를 이해하고 도와 가며 함께 나아가는 동반자, 그것이 바로 진정한 친구 아니겠습니까?

옛 사람들은 친구 관계를 네 종류로 나누어 말합니다. 먼저, 외우畏友입니다. 상대의 잘못을 지적하고 바로 잡아주며 도의를 지키기 위해 노력하는 친구입니다. 두 번째는 밀우密友로, 힘들고 어려울 때 힘껏 도와주며 생사고락을 같이하는 친구입니다. 세 번째는 일우昵友, 좋은 일과 기쁜 일이 있을 때 또는 놀이를 즐길 때만 옆에서 어울리는 친구를 말합니다. 마지막으로 적우賊友입니다. 이익이 생기고 나눌 것이 있을 때는 서로 싸우고 어려운 일이나 근심거리가 있을 때는 서로 미루는 친구입니다. 여러분은 이 가운데 어떤 종류의 친구인가요?

친구 사이의 우정, 그것의 중요함을 알기에 사마천은 『사기』 곳곳에 우정에 관한 사례를 적어 놓았습니다. 인생이란 험난한 여정에서 좋은 친구만큼 중요한 것은 없다는 뜻이겠지요.

친구야, 같이 빵 먹자!

> 라틴어 companio[com-(=with)+panis(=bread)](빵을 기꺼이 나눌 사람)
> ⇒ companion(동반자, 친구) / company(회사)

기업들도 필요에 따라서 친구 맺기를 합니다. 프라다폰을 기억하시나요? LG전자와 패션회사 프라다가 제휴하여 공동으로 만들고 마케팅을 했던 핸드폰 단말기입니다. 이렇게 두 기업이 제휴하는 것을 콜래보레이션collaboration(협업) 마케팅이라 부릅니다.

그런데 전혀 다른 분야의 두 기업이 손을 잡은 이유는 뭘까요? 아마도 LG전자는 프라다의 명품 이미지를 얻고 싶었을 것이고, 프라다는 전자 산업이 갖는 첨단 이미지를 등에 업고 LG전자 고객에게 프라다에 대한 호감도를 높여 장기적인 소비수요를 기대했을 것입니다. 어쨌든 두 기업의 마케팅 전략으로 프라다폰은 시너지 효과를 톡톡히 보면서 큰 성공을 거두었습니다. 말하자면 콜래보레이션의 장점을 확실하게 보여준 사례가 되었습니다. '서로에게 먹을 것을 나누어 주는' company의 선례를 남긴 것이지요.

원래 company는 companion(친구, 동반자)과 함께 라틴어 companio에서 나온 것으로, com-(=with, 가지고)+panis(=bread, 빵)로 이루어진 어휘입니다. 글자 그대로 '빵을 가지고' 또는 '빵을 기꺼이 나눌 사람'이라는 뜻입니다. 자신이 먹을 빵을 기꺼이 나누어 줄 수 있는 사람이 바로 companion인 것이죠. 또 먹을 빵을 얻기 위해 함께 노력하는 조직, 회사에서 빵을 얻기 위해 함께 일하는 사람이 company인 겁니다.

한편, 라틴어 panis에서 고대 프랑스어 paneterie(제빵실)가 파생되었는데 이것은 원래 빵 외에 여러 가지 식품을 만들기 위한 재료와 도구를 보관하는 장소를 뜻했습니다. paneterie는 후에 영어로 유입되어 pantry(식료품 저장소)가 되었지요.

또 company의 유사어로 fellow(친구, 동료, 일행)가 있는데, fellow는 고대 영어 feohlaga, 즉 feoh(=fee, 재산)+lag(=lay, 두다)에서 비롯된 것입니다. '돈을 놓는 사람'이니까 '공동 투자자'를 말하죠. feoh는 라틴어 pecus(가축, 소)로부터 게르만어 fihu를 거쳐 영어에 유입되었습니다. 농경사회에서는 소를 비롯한 가축이 주요 재산이었기 때문에 후에 은유 확장을 통하여 재산으로 의미가 확대된 것입니다. 그러니까 fellow 역시 '가진 것을 함께하는 친구 같은 사람'이란 뜻입니다.

한평생 세상을 살아가면서 '일십백'을 만들어야 한다고 들었습니다. 한 분의 훌륭한 스승, 열 명의 좋은 친구, 그리고 백 권의 좋은 책이 있어야 한다는 뜻이지요. 이 중에서도 기꺼이 먹을 것을 함께 나누는 company는 꼭 있어야 하지 않을까요?

con-(=together or with, 함께; thoroughly, 철저히) / pan-
(=bread, 빵) / pon, posit, pound(=to put, 놓다) / syn-
(=together, with, 함께)

concord[kánkɔːrd] 〈con-(=together)+cord(=heart)〉 일치, 조화
deposit[dipázit] 〈de-(=down)+posit〉 두다, 침전시키다, 침전물, 적립금
dispose[dispóuz] 〈dis-(=apart)+pos〉 배치하다, 마음이 내키다, 처분하다
impose[impóuz] 〈im-(=in)+pos〉 부과하다, 강요하다
sympathy[símpəθi] 〈sym-+path(=feeling)+-y(n. suffix)〉 동정, 공감
synthetic[sinθétik] 〈syn-+thet(=to place)+-ic(=nature of)〉 종합적인

▶같은 듯 같지 않은 단어들

• decimate[désəmèit] 무리 가운데 많은 사람을 죽이다

The population has been decimated by disease.
질병으로 인구가 많이 줄었다.

• exterminate[ikstə́ːrmənèit] 계획적으로 한 무리의 사람(동물)을 다 죽이다

A huge effort was made to exterminate the cockroaches.
바퀴벌레를 박멸하기 위하여 많은 노력을 기울였다.

• massacre[mǽsəkəːr] 많은 사람을 잔인하게 죽이다

The army massacred more than 200 children.
군인들이 200명 이상의 어린이들을 살해했다.

05 competition
뺏느냐 뺏기느냐

competition[kàmpətíʃən]
① 경쟁, 겨루기
② 경기, 대회
③ 경쟁자

생존을 위한 경쟁

TV에서 방영되는 〈동물의 왕국〉을 본 적이 있을 겁니다. 아프리카 탄자니아의 세렝게티 초원에서 펼쳐지는 냉혹한 적자생존의 세계. 포식자와 피식자 사이의 사활을 건 생존 경쟁. 그 가운데 손에 땀을 쥐게 하는 것은 단연 치타와 영양의 생존 경쟁이 아닐까 합니다. 알다시피 치타는 순간 속도가 시속 120㎞까지 나오는 육상 동물 단거리 달리기 챔피언이죠. 하지만 빠른 속도를 가진 치타에게도 치명적인 약점은 있습니다. 빠른 속도를 받쳐 줄 수 있도록 진화된 튼튼한 심장을 가졌지만 일정한 시간이 지나면 그 심장이 혈압을 지나치게 상승시켜 뇌출혈을 유발시킬 수 있습니다. 그래서 치타는 먹잇감을 추격하기 시작하면 가급적 빠른 시간 안에 사냥을 마무리해야 합니다. 이에 비해 영양들은 시속 100㎞ 정도의 속도를 내는데 치타보다는 조금 느리지만 지구력에선 치타를 능가합니다. 영양은 자신의 장점과 치타의 약점을 잘 알기 때문에 치타가 쫓아오면 이리저리 방향을 틀면서 가급적 시간을 끕니다. 일정 시간만 지나면 치타의 추격에서 벗어나 목숨을 보존할 수 있으니까요.

하기야 이런 경쟁이 동물의 세계에만 존재하겠습니까. 인간들도 의식하든 못하든 늘 치열한 경쟁 속에 살고 있습니다. 집안의 형제자매, 회사의 선후배와 동료들, 그리고 모르는 사람들과도 끊임없이 경쟁을 하고 있습니다. 그렇기 때문에 살아간다는 것, 그 자체로 스트레스를 받습니다. 앞서면 앞선 대로 뒤처지면 뒤처진 대로 쟁선공후爭先恐後이니, 항상 스트레스를 받을 수밖에 없습니다. 쟁선공후는 중국 춘추시대 진나라의 대부 양주와 그의 마부 왕자기의 일화에서 비롯된 고사성어입니다.

양주는 왕자기로부터 말 다루는 기술을 개인 교습 받고 그와 마차시합을 하게 되었습니다. 양주는 말을 세 번씩이나 바꾸면서까지 왕자기를 이기려고 했지만 번번이 지고 말았지요. 시합이 끝나자 왕자기는 양주에게 시합에서 진 이유를 설명해 주었습니다. 이유인즉슨, 뒤처질 때는 상대를 앞지를 생각만 하였고, 앞서고 있을 때는 혹 뒤처질까 두려워하기만 했지 정작 말과 마음을 합쳐 달리는 데에는 신경 쓰지 않았다는 겁니다.

경쟁에서 이기기 위한 전략

옳은 말이긴 하지만 경기에 참가하여 경쟁을 하고 있는 당사자가 주위를 살필 여유를 갖기란 결코 쉬운 일이 아닙니다. 어떤 것의 내부에 들어가 있을 때 전체를 제대로 보기란 쉽지 않으니까요. 11세기 중국 북송의 시인 소식蘇軾(1037-1101)도 '여산의 진면목을 알지 못함은不識廬山眞面目 단지 이 몸이 산중에 있기 때문이네只緣身在此山中'라고 읊지 않았습니까. 막상막하의 치열한 경쟁에서 상대를 이기기란 그만큼 쉬운 일이 아닙니다. 하지만 그 결과는 냉혹하죠. 이에 관한 흥미로운 연구 결과가 하나 있습니다.

미국 코넬 대학의 연구팀은 1992년 하계 올림픽에서 은메달과 동메달을 딴

메달리스트들을 비디오로 촬영하여 그 표정을 비교 분석하였습니다. 연구 결과 뜻밖에도 동메달리스트들이 은메달리스트들보다 훨씬 더 기쁘고 행복한 표정을 지었다고 합니다. 그 이유는 은메달리스트는 미국의 심리학자 페스팅거Leon Festinger(1919-1989)가 말한 '사회적 상승 비교'를 하기 때문이었습니다.

말하자면, 은메달리스트는 자기보다 우월한 상을 받은 금메달리스트를 보면서 자기 자신을 불행에 빠뜨린다는 겁니다. 조금만 더 잘했으면 자신이 1등을 했을 것이고, 또 그렇게 되었다면 저 금메달리스트의 영광이 내 것이 되었을 거라는 아쉬움을 자꾸 떠올리는 것입니다. 그에 비해 동메달리스트는 까딱 잘못했으면 이 시상대에 오르지도 못할 뻔했다고 스스로를 위로합니다. 그리고는 동메달이라도 따서 참 다행이라 생각하면서 만족스러워 하는 것이지요. '반대되는 대안'을 떠올리니 기분이 좋을 수밖에요.

이와 같은 동메달리스트의 사고방식은 매일매일 치열한 경쟁 속에서 살고 있는 우리에게 시사해주는 바가 큽니다. 즉, 최선을 다하되 1등에 대한 무조건적인 집착은 버려야 한다는 것이지요. 하지만 이것은 쉽지 않은 일입니다. 왜냐하면 탐욕과 집착은 인간의 본능에 관련된 것이니까요. 그래서 그런지 사람들은 경쟁에서 이기기 위한 전략을 끊임없이 생각해 내고 있습니다.

미국의 사회학자이자 사회운동가였던 알린스키Saul Alinsky(1909-1972)는 생존 경쟁에서 살아남는 열 가지 전술 전략에 관해 말한 적이 있는데요. 그중 몇 가지만 소개해 보겠습니다.

먼저, 힘이란 자신이 지닌 것이 아니라 자신이 지니고 있다고 주변 사람들이 믿고 있는 것이므로 싸움터를 선정할 때 적에게는 낯설지만 나에게는 익숙한 그래서 나의 장점을 잘 발휘할 수 있는 장소를 선정하라고 말했습니다. 그리고 어떤 전술을 상투적으로 빈번하게 써서는 안 되며, 특히 잘 통하는 전술일수록 그렇다는 겁니다. 또 적이 수세에 몰리면 계속 몰아부쳐 휴식을 취해 전력을 재정비할 수 있는 기회를 주지 말아야 한다고 했으며, 필요 이상의 쓸데없는 허세를 부리지 말라고 했습니다. 지나친 허세는 적을 주눅 들게 하는 것이 아니라 자칫 잘못하여 역으로 나의 허점을 노출시키게 된다고 합니다.

사람들은 이와 같은 전략과 전술을 효과적으로 구사하여 생존경쟁에서 우위를 선점하려고 애씁니다. 이 같은 현상은 이윤창출이 목적인 기업 간에 더욱더 치열합니다. 마케팅 전략, 홍보 전략 등 온갖 전략이 난무하는 가운데 널리 알려진 것이 있습니다. 바로 기업계의 손자병법으로 알려진 란체스터 전략lanchester strategy입니다. 영국의 공학자인 란체스터Frederic W. Lanchester(1868-1949)가 주장한 것으로, 초기 전력이 조금이라도 유리한 쪽이 나중에 압도적으로 우세한 결과를 낸다는 것입니다.

예를 들어 A 기업과 B 기업의 초반 시장점유율이 2 : 1, 즉 두 배의 차이가 난다고 가정할 경우 최종 결과를 확인해 보면, 그 차이는 두 배가 아니라 2의 제곱 : 1의 제곱이 되어 4 : 1, 즉 4배의 차이가 난다는 겁니다. 이것을 전력의 승수효과 multiple effect라고 하지요. 이를 토대로 생각해 보면 뒤처지는 기업은 4배의 노력을 해야 앞선 기업을 따라잡을 수 있습니다. 그래서 새로운 분야나 개척지에 진출하는 기업들은 초기에 우위를 선점하기 위하여 무모하다 싶을 정도로 막대한 물량공세를 퍼붓습니다. 시작에서 밀리면 후에 뒤집기가 무척 어렵다는 사실을 알고 있는 것이지요.

원하는 것을 얻으려는 적극적인 행동

라틴어 petere(찾다) ⇒ 프랑스어 competer[com-(=with)+petere(=seek)](대적하다) ⇒ competition(경쟁)

필요한 것을 얻기 위해 서로 다투는 행위, 이것이 곧 competition입니다. competition에는 라틴어에서 온 petere(=seek, 찾다, 추구하다)가 들어 있습니다. petere는 소극적 의미도 있지만 적극적인 의미도 내포되어 있습니다. 우리는 무엇인가를 단지 원하기만 하는 경우도 있고, 원하는 것을 갖기 위하여 적극적으로 나서기도 합니다.

여기서 competition은 petere의 적극적인 의미와 관련이 있습니다. competition은 프랑스어 competer(=rival, 대적하다)를 거쳐 영어에 유입되었는데, competer은 com-(=together, 함께)+petere(=seek)로 구성된 어휘입니다. 그러니 competition은 여럿이 함께 원하는 것을 얻기 위하여 서로 애쓰는 행위, 바로 '경쟁'입니다.

이와 유사한 경우로 petition(탄원, 청원)이란 어휘가 있습니다. petition도 적극적 의미와 연관이 있는데, petition은 적극적인 행동을 의미하는 petitio(=request, 요구하다)을 거쳐 파생되었지요. 그러니까 바라는 것을 얻기 위해 기도나 하면서 소극적으로 기다리는 것이 아니라 적극적으로 상대에게 요구하는 것입니다.

이렇게 보면 competition에 들어있는 구성요소 -pet-은 각축角逐을 떠올리게 합니다. 뿔 달린 짐승들이 서로 뿔을 겨누고 달려드는 모습 말입니다. 이들은 먹이를 구하기 위해 혹은 암컷을 차지하기 위해 상대에게 뿔을 겨누고 달려듭니다. 자신이 원하는 것을 얻기 위해 상대를 쫓고 또 상대로부터 쫓기기도 하지요. 그것이 바로 각축전, competition 아닙니까?

voc, vok(=to call, 부르다) / pet(it)(=to seek, rush at, 구하다, 달려들다)

advocate[ǽdvəkit] 〈ad-(=to)+voc+-ate(=to make)〉 옹호하다, 고취하다
competent[kámpətənt] 〈com(=together)+pet+ent(=-ing)〉 유능한
evoke[ivóuk] 〈e-(=out)+vok〉 불러일으키다
invoke[invóuk] 〈in-(=in)+vok〉 빌다, 호소하다
provoke[prəvóuk] 〈pro-(=forward)+vok〉 화나게 하다, 자극하다
revoke[rivóuk] 〈re-(=back)+vok〉 취소하다, 폐지하다

▶같은 듯 같지 않은 단어들

• attitude[ǽtitjùːd] 어떤 것에 대한 견해와 심정, 태도

His attitude towards women made me angry.
여성에 대한 그의 태도는 나를 화나게 했다.

• opinion[əpínjən] 특정 주제나 문제에 관한 생각이나 견해, 소신

The two students had very different opinions about freedom of religion.
그 두 학생은 종교의 자유에 대하여 아주 다른 견해를 갖고 있었다.

• position[pəzíʃən] (대체로) 정부나 조직, 기구 등에서 표명하는 견해, 입장

The party had a negative position on tax reform.
그 정당은 조세 개혁에 관하여 부정적인 견해를 갖고 있었다.

• view[vjuː] 어떤 것에 대한 견해

What's your view on the atomic energy?
원자력에 관한 너의 의견은 무엇이냐?

He that looks not before, finds himself behind.
앞을 보지 않으면 어느덧 뒤에 있는 자신을 보게 된다.

CHAPTER 1 _ in vivo, 삶 속에서
039

06 crisis
위기는 곧 기회

crisis[kráisis]
① 위기, 갈림길
② 중대 국면, 난국
③ (병의) 위험시기, 고비

희생양이 된 최초의 여자 릴리트

성경에는 없지만 카발라Kabbalah(유대교 신비주의의 일종)의 경전인『조하르Zohar』에는 인류 최초의 여자 릴리트Lilith에 관한 이야기가 실려 있습니다. 릴리트는 아담과 마찬가지로 진흙으로 만들어진 후 하느님의 숨결로 생명을 얻어 태어났습니다. 그녀는 선악과를 따먹고도 죽지 않는 것을 보고 욕망이 좋은 것임을 알게 되었고, 그 일이 있은 후부터 자신이 바라고 원하는 것을 떳떳이 요구하였습니다. 이와 같은 그녀의 행동은 아담과 대등하게 맞서서 행동하는 여성상을 정립함과 동시에 그에 대응되는 아담의 남성상을 설정하는 결과를 낳았습니다.

이러한 결말의 발단은 아담과 릴리트가 성행위를 하는 도중에 있었던 사소한 다툼에서 시작되었습니다. 릴리트는 자기가 아래에 있는 것이 싫어서 아담에게 체위를 바꾸자고 말했죠. 그런데 아담은 그녀의 요구를 묵살했습니다. 말다툼이 계속되면서 감정이 격해진 릴리트는 분을 참지 못하고 신의 이름을 입에 올리는 죄를 범하게 됩니다. 겁을 먹은 릴리트는 낙원에서 도망쳤고 신은 세 명의 천사를 보내 그녀의 뒤를 쫓게 하였습니다.

그녀는 낙원으로 되돌아가지 않으면 자신의 자식들이 모두 죽임을 당할 것이라는 경고를 듣게 되지만, 굴복하지 않고 동굴에서 혼자 살기로 결심합니다. 그리고 혼자서 인어들을 낳습니다. 아담에 대한 그녀의 피맺힌 증오심의 발로였을까요. 그녀가 낳은 인어들은 너무나 아름다웠고 그로 인해 아담의 후예, 즉 남자들은 인어를 보는 순간 즉시 치명적인 사랑에 빠지게 되었습니다.

후에 기독교에서는 이와 같은 릴리트의 이야기를 바꾸어 그녀를 마녀, 남성에게 도전한 요부 또는 악마로 만들어 버렸습니다. 그녀를 순종적인 이브에 반대되는 사악한 여성의 전형으로 몰아세웠던 것입니다. 그런데 현대적인 관점에서 보면 릴리트는 단지 자식에 대한 맹목적인 모성애를 포기한 대신 쾌락과 자유를 얻어낸 또 다른 신여성의 모습일 뿐입니다. 어쩌면 그녀는 당시 시대적 사고에 견주어 볼 때 도저히 감당할 수 없었던 남존여비男尊女卑 사상의 희생양이 아니었을까요?

마녀 사냥, 희생양이 필요해!

희생양scapegoat이란 원래 죄를 지은 유대인들이 죄를 용서받기 위하여 염소를 불에 태우던 풍습에서 유래되었습니다. 그런 사례는 구약성서에서도 볼 수 있는데요. 염소는 죄를 지은 인간을 대신하는 상징물인 제물이었던 겁니다. 나중에는 제물로 염소뿐만 아니라 소나 새 등 다른 동물까지 사용되었고 심지어 사람이 제물이 되는 경우도 있었습니다. 이렇게 꼭 염소goat나 새가 아니더라도 제물로 쓰인 모든 것을 총칭하여 희생양이라 합니다.

따라서 희생양은 사람 대신 무형의 죄를 뒤집어쓰고 제물이 된 죄의 물상화 상태로, 물상화된 희생양을 불에 태우는 것은 죄를 없애는 정화 행위가 됩니다. 지역에 따라서는 불에 태우는 의식 대신 강물에 들어가 몸을 씻는 행위도 있습니다. 예수가 십자가에 매달려 죽임을 당한 사건도 다른 죄인들을 대신하여 기꺼이 희생양이 된 것입니다.

고대의 종교에서 시작된 희생양 풍습은 중세에 이르자 그 본질이 왜곡되어 마녀사냥witch hunt이라는 종교재판으로 변질됩니다. 구약성서 출애굽기(22:18)에 '너희는 무당을 살려두지 말라'라는 구절이 있습니다. 유럽 중세에는 기독교가 한창 위세를 떨치고 있었기 때문에 정통 교리에서 조금만 벗어나도 이단으로 취급하였고 이단을 악마가 관련된 마법이라고 몰아세웠습니다.

그리고 이러한 이단을 처벌한다는 명분 아래 종교 재판을 주관하는 재판관은 의심이 가는 사람이면 누구나 즉시 체포하여 심문할 수 있었습니다. 당사자의 자백이 없어도 두 사람의 증언만 있으면 유죄 판결을 내릴 수 있었고 고문이 허용되었으며, 게다가 이단에 대한 밀고를 장려하기도 했습니다.

15세기에 들어 교회의 타락은 정점으로 치달았고 그것을 입증이라도 하듯 종교 재판에서는 '마녀'가 자주 등장하였습니다. 이 시기 마녀란 마법을 쓰는 여자 또는 노파를 의미하는 것이 아니라, 악마와 결탁하고 성관계까지 맺는 그런 여자를 지칭하는 것이었습니다. 이처럼 마녀가 악마의 상징으로 낙인찍히게 되면서 마녀는 교회가 찾아내 없애야 하는 대상이 되어 버렸습니다. 본격적으로 마녀 사냥이 시작된 것이지요.

어쩌다 몹쓸 전염병이나 천재지변 같은 변고가 생깁니다. 혹은 국가나 교회의 체면을 심하게 손상시킨 사건이 터집니다. 그럴 경우, 재판관은 마을 외곽에 사는 나이 많고 가난하고 병든 노파 또는 혐의를 씌울 여자를 물색하여 잡아들입니다. 그녀를 형틀에 묶고 고문을 하기 시작합니다. 목적은 단 하나입니다. 1년에 단 한 번 열리는 것으로 알려진 마녀들의 연회witches' sabbath에 참석했었다는 자백을 받아내기 위한 것이지요.

실제로 그런 연회는 없습니다. 하지만 고문을 견디지 못하고 억지 자백을 하기 때문에 혐의자는 마녀로 몰리고 이어서 화형에 처해집니다. 희생양이 된 것이지요. 실제로 종교 재판에서 희생된 여자의 수는 만 명이 넘었다고 합니다. 그

야말로 확실한 증거도 없이 억울하게 희생양이 되어 죽음으로 내몰린 마녀 사냥
은 교회의 세력이 약화된 17세기 말엽에 가서야 비로소 사라졌습니다.

부정적 메시지의 파수꾼, 진부화 현상

오늘날 고대의 희생양 풍속이 그대로 존속되는 곳은 없지만, 약간씩 변형되어
그 의도를 담고 있는 의식은 남아 있습니다. 윤리적으로는 도저히 용납될 수 없
는 것임에도 불구하고 필요에 따라서는 불리한 국면을 벗어나기 위한 전환용으
로 희생양 방식을 이용합니다.

프랑스의 문화인류학자 르네 지라르René Girard는 사회적 경쟁으로 인하여 공동
체의 위기의식이 팽배해질 때, 그 사회는 구성원 사이에 만연된 폭력적 욕망을
어떤 대상 하나에 집중시켜 그것을 희생양으로 삼는다고 말합니다. 다시 말해,
구성원들이 갖는 막연한 분노를 희생양에 집중시켜 폭발시킴으로써 카타르시
스를 통한 구성원 간의 화해를 이끌어낸다는 것이지요.

결국 그른 것을 옳은 것으로 무리하게 바꾸다 보니 희생양 방식은 억지와 왜
곡된 메시지가 동원됩니다. 하지만 이와 같은 억지 주장은 말 그대로 억지스러
운 주장으로 끝나는 경우가 많습니다. 왜냐하면 부정적 메시지에도 한계 효용의
법칙이 적용되기 때문입니다. 희생양이 될 상대에게 퍼붓는 좋지 않은 메시지들
은 처음에는 주목을 받지만, 그것이 반복될수록 그 효과는 반감되다가 끝내 아
무런 효과가 없는 무의미한 것이 되고 맙니다.

심리학에서 말하는 진부화 현상wear-out phenomenon이 나타나는 것이죠. 끔찍한
교통사고 현장을 보여주는 교통안전 캠페인을 생각해 보세요. 또는 불행한 암
환자의 모습을 보여주는 암 예방 캠페인을 벌이는 공익 광고를 생각해 보면 알
수 있습니다. 광고가 막 나온 초기에는 사람들이 그 광고에 관심을 보이고 주목
합니다. 하지만 시간이 지남에 따라 그것은 외면당합니다. 사람들은 누구나 부

정적인 것이 지나칠 때는 그것에 대하여 방어기제를 발동시키면서 그 자극을 줄이거나 회피하려고 하기 때문이죠.

억울한 누명을 쓰고 있는 crisis와 criticism

그리스어 krinein(구별하다) / krisis(전환점) ⇒ criticism(비난) / crisis(위기)

남의 죄를 대신 뒤집어쓴 억울한 희생양. 그 희생양을 몰아세우는 criticism(비난, 비판)도 억울한 누명을 쓰고 있습니다. criticism의 뜻을 풀어보면 faultfinding(흠잡기, 책망)과 disapproval(반감, 못마땅함) 등의 의미가 들어 있습니다. criticism은 그리스어 krinein에서 유래한 어휘인데 동사 krinein은 원래 discriminate(구별하다), weigh(측정하다), decide(결정하다)와 같은 의미를 지닙니다. 그런데 그 의미들은 부정적인 것이 아닙니다. 잘 알아보고 구별해서 결정하는 것이니 criticism은 단순히 흠을 잡고 비난하는 것이 아니라 더 나아가고 더 좋아지기 위한 '건설적인 비판'이라고 할 수 있습니다.

crisis도 마찬가지입니다. crisis는 disaster(재난)나 catastrophe(재앙) 같은 단순히 어려운 국면만을 뜻하는 부정적인 어휘가 아닙니다. crisis는 그리스어 krisis(=turning point, 전환점)에서 나온 어휘로 위기에서 벗어나 희망적인 국면으로의 전환이라는 의미를 담고 있으며, 앞서 언급한 krinein의 명사형입니다. 따라서 crisis는 긍정적이고 희망적인 의미를 갖고 있음이 분명합니다. 하기야 위기는 '위험과 기회'의 준말이라고도 하지 않습니까?

억울한 누명은 시간이 가면 언젠가는 벗겨지게 마련입니다. 단지 그 시간이 얼마나 걸리느냐가 문제가 되겠죠. crisis가 누명을 벗고 반전의 계기 또는 전환점이라는 긍정적이고도 희망적인 의미를 갖게 될 날이 언제쯤 올까요?

se-(=apart, 떨어져서) / clam, claim(=to cry out, 외치다) /
cri, crit(=to separate, 구별하다; to judge, 판별하다)

acclaim[əkléim] 〈ac-(=to)+claim〉 환호하다, 갈채를 보내다
disclaim[diskléim] 〈dis-(=apart)+claim〉 포기하다, 부인하다
proclaim[proukléim] 〈pro-(=before)+claim〉 선언하다, 포고하다
seclude[siklúːd] 〈se-(=apart)+clud(=to shut)〉 분리하다, 격리하다
seduce[siklúːd] 〈se-(=apart)+duc(=to lead)〉 부추기다, 유혹하다, 속이다

▶ 같은 듯 같지 않은 단어들

• command[kəmǽnd] 통치자 또는 군대 지휘관이 부하에게 내리는 명령

  I hated being in the army because I had to obey commands.
  나는 명령에 복종해야 했기 때문에 군 복무를 싫어했다.

• instruction[instrʌ́kʃən] 공식적인 지시 또는 훈령

  Always read the instructions before you enter the room.
  그 방에 들어가기 전에 항상 지시 사항을 읽어 보세요.

• order[ɔ́ːrdər] 공권력이나 당국에 의해 내려지는 지시 또는 훈령

  The documents were burned by order of the president.
  그 문서들은 대통령의 지시로 소각되었다.

07 decision
딱 잘라서 말하자면

decision[disíʒən]
① 결심, 결의
② 결정, 해결
③ 판결
④ 결단력

스스로를 정확히 안다는 것

기원전 4세기경 중국 전국시대 제나라의 재상 추기^{鄒忌}는 훤칠한 키에 잘생긴 미남자였습니다. 그리고 같은 제나라 조정에서 벼슬을 하고 있던 서공^{徐公} 역시 못지 않은 미남으로 유명하였지요. 질투심이 생긴 추기는 자신과 서공 중에 누가 더 미남인지 주변 사람들에게 자주 물어보곤 했습니다. 자기 아내에게도, 애첩에게도, 심지어 자신을 찾아오는 손님에게 물어보아도 돌아오는 대답은 늘 자신이 서공보다 훨씬 더 미남이라는 것이었습니다.

그러던 어느 날 추기는 조정에 나갔다가 서공과 마주치게 되었습니다. 추기는 내면에 있던 경쟁심 때문인지 서공을 보자마자 머리부터 발끝까지 찬찬히 훑어보았죠. 그리고 한 가지 사실을 확실히 깨닫게 되었습니다. 서글프게도 자신의 외모는 서공의 발뒤꿈치도 따라가지 못한다는 사실을요.

마침 왕과 독대하여 조정의 일을 의논하던 추기는 왕에게 서공과 비교되는 자신의 외모에 대해 이야기하였습니다. 주변 사람들은 모두 다 자신이 서공보다 잘 생겼다고 말하는데 이는 다른 이유가 있어서 거짓을 고하는 것이라고 말입니다. 아마도 아내는 자기를 사랑해서 그럴 것이고 애첩은 두려움 때문에 그럴 것이고 또한 손님들은 부탁을 하기 위해서 그럴 것이라 말했습니다.

사실 추기는 단순히 감정에 이끌려 그 이야기를 꺼낸 것은 아니었습니다. 자신의 이야기에 빗대어 조정의 상황을 왕에게 진언한 것입니다. 지금 왕의 주변에 있는 왕비는 왕을 사랑하기 때문에 듣기 좋은 말만 하는 것이고 신하들은 왕을 두려워해서 쓴소리를 하지 않는 것이며, 또한 백성들은 원하는 것을 얻기 위해 듣기 좋은 말만 한다는 것을요. 결국 모든 이들이 사실이 아닌 거짓을 고하고 진실을 은폐하고 있음을 왕에게 간언한 것입니다. 추기의 말을 들은 왕은 처음에는 마음이 상했지만 즉시 그의 충정을 알아차리고는 자신에게 직언을 유도하는 포상 제도를 실시하고 이후 선정을 베풀었다고 합니다.

예정된 세포의 자살, 아폽토시스

유향劉向의 『전국책戰國策』 제책 편에 실려 있는 고사성어인 자지지명自知之明. 자신의 분수와 능력, 그리고 결점까지도 정확히 파악하면 앞으로 해야 할 일을 알 수 있다는 의미입니다. 자신이 해야 할 일을 결정하는 일, 즉 의사결정은 인간만이 하는 것은 아닙니다. 전혀 의식이 없을 것 같은 식물도 그런 결정을 내립니다. 해거리라는 말을 들어 보았나요? 열매를 맺는 나무를 잘 살펴보면 어느 해는 열매가 눈에 띄게 적든지 아니면 아예 열매를 맺지 않는 경우가 있습니다.

식물은 생육과 번식이라는 두 영역으로 나누어 생명 활동을 합니다. 그런데 동물처럼 이동하지 못하고 늘 같은 장소에서 영양소를 공급받아야 하는 식물은 영양소가 턱없이 모자라는 상황이 발생하면 차선책으로 어느 한쪽을 포기하고 한쪽만을 선택합니다. 바로 해거리를 하는 것이죠. 다음 해에 더 많은 번식을 하기 위해 한 해에는 번식을 포기하고 생육에만 에너지를 집중하는 것입니다. 그러니까 현재 위기 상황을 파악하고 후일을 도모하기 위해 아예 열매 맺기를 포기하는 결정을 내리는 겁니다.

이렇게 생물체가 스스로 결정을 내려 어떤 작용이나 기관을 포기하는 행위의 기저에는 세포가 파괴되는, 다시 말해 세포의 자살이 내재하는데 그것을 아폽토시스apoptosis라고 합니다. 낙엽도 해거리와 마찬가지 경우인데요. 다음 해에도 나무가 계속 생존하여 진화해 나갈 수 있도록 잎사귀와 나뭇가지를 연결하는 세포는 일정 기간 생존하다가 스스로 죽어서 잎이 떨어지게 만듭니다.

아폽토시스는 식물뿐만 아니라 우리 인체에서도 발견되는 현상입니다. 엄마 배 속에 있을 때 초기 태아의 손은 마치 물개의 앞발 같은 지느러미 모양의 형태를 갖습니다. 그러다가 시간이 경과하면서 손가락 사이의 막을 형성하는 세포가 죽게 되면서 손의 형태가 드러납니다. 즉, 지느러미에서 손으로 진화하려면 세포의 자살인 아폽토시스를 거쳐야 하죠. 또한 태아의 엉덩이에 붙어있던 조그마한 꼬리에도 아폽토시스가 일어납니다. 포유류뿐만 아니라 영장류도 갖고 있는 꼬리, 그 꼬리가 스스로 사멸해야 비로소 꼬리가 없는 인간의 척추가 만들어지는 것입니다.

아폽토시스는 참 신비로운 현상입니다. 학자들의 연구에 따르면 아폽토시스 과정이 진행되는 동안 세포들은 뇌에 끊임없이 물어본다고 합니다. 자신이 언제까지 성장해야 하고 어디까지 진화해야 하며 그동안 할 일은 무엇인지 또 언제 죽어야 하는지. 그러면 뇌는 이 질문에 대한 답을 결정하여 세포들에게 전달을 합니다.

대부분 뇌의 결정을 세포들이 따라주기 때문에 동물이든 식물이든 생존이 가능한 겁니다. 그런데 예외적인 것이 있습니다. 다름 아닌 암세포들이지요. 암이란 질병은 암세포들이 뇌가 내리는 명령에 불복하고 그대로 살아있기 때문에 발생하는 것입니다. 뇌는 계속해서 암세포에게 자살하라는 메시지를 보내는데 그들은 계속 성장하고 번식합니다. 결국 암세포의 이기적인 행위가 몸 전체를 병들게 하고 결국엔 모체를 사망에 이르게 하는 것입니다.

정확하고 신속한 결단의 기술

생존을 위해 몸의 어떤 부위나 기관이 뇌의 명령을 따르는 것도 중요하지만, 적재적소에 시의적절한 명령을 내리는 뇌의 역할 또한 중요합니다. 이것은 생명체뿐만 아니라 유기적 조직체인 기업에도 똑같이 적용되는 사실입니다. 여기서 기업의 CEO는 인체의 뇌에 해당되겠지요. CEO는 급변하는 기업 환경을 신속 정확하게 파악하여 구성원이 해야 할 일을 지시해야 합니다. 정확한 판단과 뛰어난 리더십으로 기업을 잘 이끌어 가면 그 기업은 나날이 성장함은 물론, 그 기업의 CEO는 기업계에서 추앙받는 롤 모델이 될 것입니다.

기업계에 이와 같은 족적을 남겨 자타 공인 최고의 CEO, 경영의 전설로 인정받는 인물이 있습니다. 바로 잭 웰치Jack Welch인데요. 그는 1960년에 일리노이 대학에서 화공학 박사학위를 받고 GE(General Electric)에 입사하였습니다. 입사 후 21년간 초고속 승진을 거듭하였고 40대 중반에는 최연소 회장직에 오르게 되었죠. 그 후 20년 동안 일하면서 그는 GE의 상징이 되었을 뿐 아니라 그가 이루어낸 업적, 창안한 경영 전략과 경영 이론 등으로 경영의 달인, CEO의 신화로 불리게 되었습니다.

그의 탁월한 경영 실력에 힘입어 GE는 회사 가치 4,500억 달러라는 세계 제일의 기업으로 성장하였습니다. 그가 처음 GE의 회장이 되었을 때와 비교하면 40배나 성장한 셈이지요. 이외에도 기업 혁신 방법으로 6시그마, 멘토링 시스템 등 여러 가지 경영 이론을 제시, 뛰어난 인재를 발굴하고 우대하여 그들의 능력 발휘를 유도하기도 했습니다. 반면에 그는 무능한 구성원을 해고하는 활력 곡선을 도입하여 10만 명이 넘는 사원을 해고한 장본인이기도 합니다. 그 결과 그는 언론으로부터 '중성자탄(건물에는 피해를 주지 않고 인명만을 살상하는 원자폭탄) 잭Neutron Jack'이란 별명을 얻기도 했지요. 하지만 전체를 살리기 위해서는 정확한 판단과 신속한 결정, 그리고 과감한 실행이 중요하다는 것을 확실하게 보여주었습니다.

결정이란 원래 칼로 베듯이 하는 것

라틴어 decaedere[de-(=off)+caedere(=cut)](잘라버리다)
프랑스어 decider(결정하다) ⇒ decide(결정하다) / decision(결정)

　나무가 자신의 잎을 잘라 내듯 잭 웰치가 직원을 자르 듯, 결정은 '자르는 것'
입니다. 그런 의식이 반영되어서일까요? 결정이란 어휘 decision에 자르는 의미
가 들어 있습니다. decision은 동사 decide(결정하다)에서 파생된 것인데 decide는
원래 라틴어 decaedere에서 유래된 것입니다. 이것을 쪼개어 보면 접두사 de-(=off)
와 caedere(=cut, 자르다)로 되어있습니다. 그런데 decide는 다른 경로를 통하여 다
시 유입된 어휘인데, 14세기 고대 프랑스어 decider을 통하여 재유입된 것으로
알려져 있습니다. 어쨌든 decide의 뜻은 cut off이니 '잘라 내어 취할 것은 취하고
버릴 것은 버린다'는 의미 아니겠습니까?
　자세히 들어가면, 라틴어 caedere에서 '자르는 기계'를 뜻하는 cīsōrium이 파생
되었는데 그것의 복수형이 cīsōria입니다. 복수형 cīsōria가 고대 프랑스어에 유
입되어 cisoires의 형태로 사용되었다가 14세기 후반에 영어에 유입되어 sisoures
가 되었고 이것이 scissors(가위)가 된 것이지요. 오늘날의 철자인 scissors는 '쪼개
다'의 의미를 가진 라틴어 scindere와 관련이 있습니다. 즉, scindere의 과거분사의
어간인 sciss-와 '자르는 사람, 재단사'를 의미하는 중세 라틴어 scissor(=tailor, 재단
사)의 영향을 받은 것입니다.
　결정을 뜻하는 decision은 이렇듯 어려운 문제들을 마치 칼로 베듯이 해결한다
는 의미입니다. 그 옛날 중대한 결정은 모두 칼로 했습니다. 개인 간의 다툼과 원
한은 결투를 신청하고 일대일 칼싸움으로 결정을 봤습니다. 또한 국가 간의 분
쟁도 칼을 들고 전쟁을 함으로써 해결을 하였습니다. 이렇게 보면 '그 사람 칼 같
다' 또는 '칼같이 했다'는 우리말도 decision과 관련이 있지 않을까요?

cide, cise(=to cut down, 자르다; to kill, 죽이다) / jac(t)(=to throw, 던지다)

adjacent[ədʒéisənt] 〈ad-(=to)+jac+-ent(=-ing)〉 인접한, 부근의
concise[kənsáis] 〈con-(=intensive)+cise(=to cut down)〉 간결한, 간명한
precise[prisáis] 〈pre(=before)+cise(=to cut down)〉 정확한, 정밀한
project[prɑdʒékt] 〈pro-(=forward)+ject〉 입안하다, 계획하다, 투영하다
reject[ridʒékt] 〈re-(=back)+ject〉 거절하다, 퇴짜 놓다

▶같은 듯 같지 않은 단어들

· championship[tʃǽmpiənʃip] 스포츠에서 최우수 선수나 우승팀을 가리키는 대회

The world championships will be held in Brazil next year.
세계 선수권 대회가 내년에 브라질에서 열린다.

· competition[kɑ̀mpətíʃən] 사람, 그룹, 조직 간에 벌이는 경쟁

There's a lot of competition between motor companies.
자동차 회사들 간에 경쟁이 심하다.

· contest[kɑ́ntest] (competition과 비슷한 의미로 쓰이는 경우도 있으나 대체로) 심사위원이나 심판이 승자를 결정해 주는 대회

She's won a lot of beauty contests.
그녀는 많은 미인 대회에서 우승했다.

· tournament[túə:rnəmənt] 개인 혹은 팀이 최종 승자가 나올 때까지 대결하는 대회 방식

His team was defeated in the first round of the tournament.
그의 팀은 토너먼트 대회 1회전에서 패했다.

Know then yourself, presume not God to scan; the proper study of mankind is man.
너 자신을 알라. 그를 위해 하느님을 이용하지 말라. 뢰야 할 대상은 사람이다.

CHAPTER 1 _ in vivo, 삶 속에서
051

08 husband
그대를 잡아두어야겠소

husband[hʌ́zbənd]
① 남편
② 절약가
③ 절약하다
④ (고어) 땅을 갈다, 재배하다

슬픈 수컷의 성 전략

우리는 좋든 싫든, 크든 작든, 원하든 원치 않았든 간에 매번 선택의 순간에 놓이게 됩니다. 『이방인』으로 유명한 까뮈Albert Camus(1913-1960)도 일찍이 그 선택의 종합이 인생이라고 말했습니다. 그런데요. 그런 선택 중에서도 대단히 중요한 선택이 있습니다. 인생에서 딱 한 번(간혹 한 번 이상도 있지만)하게 되는 선택으로 진화론자 다윈Charles Darwin(1809-1882)이 말한 성性 선택입니다.

다윈에 따르면 모든 생명은 선택에 의해서 진화한다고 합니다. 특히나 암컷이 수컷을 고르는 배우자 선택은 매우 중요한 선택이라고 했습니다. 수컷이 제아무리 설쳐대도 암컷이 선택해 주지 않으면 그 수컷의 유전자는 후세에 전해지지 않습니다. 더욱이 암컷이 어떤 수컷을 선택하느냐에 따라 자신들보다 진화된 후손이 나오느냐, 아니면 퇴화된 후손이 나오느냐가 결정되기 때문이죠.

그래서 수컷들은 암컷에게 자신의 유전자를 전하기 위해 암컷 주변에 몰려든 다른 수컷과 목숨까지 건 치열한 사투를 벌입니다. 리차드 도킨스Richard Dawkins가 자신의 저서 『이기적 유전자』에서 그 이유를 밝히고 있는데요. 이기적인 유전자는 자신이 다음 세대의 개체로 옮아가고 증식되는 것만을 우선시하기 때문에 자신이 몸담은 모체의 위험 따위는 안중에도 없다고 합니다.

수컷끼리 경쟁을 벌이다가 부상을 당하거나 목숨을 잃는 경우는 그래도 괜찮습니다. 그런데 아예 유전자를 전하는 순간 목숨을 바쳐야 하는 슬픈 수컷들이 있습니다. 수컷 사마귀가 그들인데요. 암컷 사마귀는 수컷과의 짝짓기가 끝나면 건강한 알을 낳는 데 필요한 단백질을 섭취해야 합니다. 때문에 암컷은 주위에 있는 것들을 닥치는 대로 먹어치웁니다. 그때 암컷보다 몸집이 작은 수컷의 경우 달아나지 못하고 암컷에게 그대로 잡아먹히게 되죠.

사마귀와 비슷한 행태를 가진 또 다른 곤충이 금파리인데요. 암컷 금파리는 짝짓기하는 동안 수컷을 잡아먹습니다. 수컷 입장에서 보면 건강한 후손을 위한 살신공양일지라도 가능하면 유전자만 전하고 자신은 살고 싶은 본능이 있을 겁니다. 그래서 수컷은 진화했습니다. 암컷과 짝짓기할 때 암컷이 먹을 먹이를 가져오는 것이죠. 암컷이 짝짓기하는 동안 그 먹이를 먹을 것이고 수컷은 짝짓기를 끝내고 도망칠 수 있는 시간을 버는 겁니다. 뛰는 자 위에 나는 자 있는 것은 세상의 이치인가 봅니다.

정자들의 치열한 유전자 전쟁

목숨을 건 위험천만한 경쟁을 뚫고 가까스로 유전자를 전할 수 있는 기회를 가져도 수컷의 유전자는 또 하나의 관문을 통과해야 합니다. 동물 세계에서 몇몇의 종을 제외하고는 여러 수컷의 정자가 암컷의 몸속에 들어오게 됩니다. 그럴 경우 같은 모체에서 나온 정자들은 같은 편이 되어 다른 수컷에서 온 정자들과 전쟁을 치릅니다. 이른바 정자 전쟁이죠.

로빈 베이커Robin Baker 교수는 자신의 저서 『정자 전쟁』에서 이렇게 밝혔습니다. 일단 암컷의 몸 안에 들어간 정자는 두 부대로 편성되는데 한 부대는 난자로 돌진하고, 또 다른 부대는 다른 수컷에게서 온 정자들이 난자에 접근하지 못하게 가로막는다고 합니다. 그렇게 해서 그 마지막 관문을 성공적으로 통과해야 비로소 자신의 유전자가 후대에 전해지는 것이지요.

그러니 우리를 포함해서 어떤 생명체든 그것은 아주 어려운 관문을 뚫고 힘들게 세상으로 나온 귀한 존재입니다. 이처럼 유전자가 전해지는 확률이 너무나 낮기 때문에 수컷들은 자신의 유전자를 이어갈 성공률을 높이기 위하여 가급적 정자의 수를 늘립니다.

경쟁이 치열한 종일수록 그 수는 더 많아지는데요. 이는 인간, 고릴라, 그리고 침팬지 수컷의 고환 크기를 비교해 보면 알 수 있습니다. 일부일처에 충실한 고릴라가 제일 작고 고릴라에 비해 암컷이 여러 수컷과 난교를 하는 침팬지는 진화 과정을 거치며 가장 큰 고환을 갖게 되었지요. 인간 남자는 중간 크기인데 거꾸로 추론해 보면 인간은 불완전한 일부일처제임을 반증하는 겁니다. 일부일처이니 서로에 대한 점유율은 높지만 반드시 관여도involvement까지 높다고는 할 수 없는 것이지요.

관여도라는 말은 원래 마케팅에서 많이 쓰는 용어로, 소비자가 제품을 구매하는 데 있어서 상품에 대해 가지는 관심과 애정을 가리키는 말입니다. 따라서 관여도가 낮다는 말은 상품을 살 때 그다지 많이 따져 보고 만족도가 높아서 사는 것은 아니라는 것이지요. 바꿔 말하면 경쟁업체에서 신상품이 출시되는 등 다른 요인이 생기면 언제든지 선택을 바꿀 수 있다는 의미입니다. 예를 들면, 슈퍼마켓에서 판매되는 아이스크림, 음료, 우유 등의 유지방 제품과 비누, 치약 등은 소비자 관여도가 낮은 제품에 속합니다. 기업의 입장에서는 관여도가 낮은 제품은 관여도를 끌어 올려 소비자가 쉽사리 마음을 바꾸지 않도록 철저하게 관리해야 하겠지요.

관여도를 높이기 위해 얽매이게 된 남자

고대 영어 husbonda[hus-(=house)+-bonda(=farmer)](가장)
⇒ husband(결정하다)

관여도를 끌어 올리려는 행위가 기업에만 국한된 것은 아닙니다. 일부일처제를 근간으로 하는 부부 사이의 관여도는 무척이나 중요합니다. 관여도를 높이기 위해 오랜 진화 과정을 거치며 인간 여자는 자신의 몸에서 페로몬 냄새를 감추었습니다. 페로몬 냄새가 없어졌기 때문에 다른 동물과는 달리 인간 남자는 더이상 배우자의 임신 가능 기간이 언제인지를 알 수 없게 되었습니다. 그러니 늘인간 여자 주변에 머물면서 자주 유전자를 건네야 했습니다. 인간 남자는 꼼짝없이 여자의 집에 매인 꼴이 되어 버렸습니다.

집안에 붙들려 매이는 것, house(집)와 bondage(구속). 이것이 곧 husband입니다. husband는 고대 영어 husbonda에서 유래된 말이지요. '가장'이라는 master of a household의 의미입니다. 앞 음절 hus-는 house, 둘째 음절 -bonda는 farmer(농부)라는 의미로 쓰였습니다. 고대 노르웨이어에도 비슷한 어휘로 husbondi가 있는데 이것은 hus(=house)와 bondi(=dweller, 거주자)의 복합어입니다.

하지만 1066년 노르만인들의 영국 정복 이후, 그 의미는 봉건 영주의 지배를 받는 사람으로 격하되었습니다. 농노serf보다는 신분이 조금 나은 '자작농' 또는 '소지주'를 husband라고 불렀습니다. 어쨌든 -bonda는 복종의 의미가 되었고 이것으로부터 bondage(구속, 결박)가 파생되었습니다. 그러다가 13세기가 지나서야 '남편male spouse'의 의미를 갖게 되었지요. 이후 중세의 봉건제가 무너지고 근대 이후 민주주의가 발달하면서 husband는 농담할 때를 제외하고는 구속받는 존재라는 뜻으로 사용되지는 않습니다.

하지만 오늘날 husband 안에 구속의 의미가 없을까요? 여성의 권리가 신장되면서 전통적인 가장의 모습은 많이 달라졌습니다. 오늘날 가장들은 가부장적인 권위 대신 서번트 리더십servant leadership을 요구받고 있습니다. 이른바 섬김의 리더십, 남편들은 이제 하인이 주인을 섬기듯 아내와 자식들을 부양하는 역할을 요구받게 된 것이지요.

원래 서번트 리더십은 경영 컨설턴트였던 로버트 그린리프Robert K. Greenleaf가 1970년 처음 소개한 개념입니다. 그는 헤르만 헤세의 소설 『동방순례』에서 힌트를 얻었다고 합니다. 『동방순례』는 여행수기 같은 소설로, 소설 속 주인공 레오는 늘 힘든 일을 도맡아 하는 인물입니다. 사람들은 레오에게 고마움을 느꼈지만 그를 그저 그런 보통 사람이라고만 생각했습니다. 그런데 나중에 레오가 그 여행을 후원한 교단의 리더라는 것을 알게 되고 그에게 존경을 표하게 되죠. 어쨌든 그린리프는 소설 속의 레오와 같은 리더십을 서번트 리더십이라 칭하면서 경청, 공감, 치유, 공동체 형성 등의 덕목을 강조했습니다.

여권 신장을 넘어서서 신 모계사회로의 회귀라는 말이 오가는 요즈음, husband가 서번트 리더십의 단계를 넘어 중세시대의 구속과 속박의 의미를 되찾는 날이 오는 것은 아닐까요?

hus-(=house, 집) / ten(t), tin, tain(=to hold, 잡다)

continual[kəntínjuəl] 〈con-(=together)+tin+-al(=relateing to)〉 지속적인
detention[diténʃən] 〈de-(=away)+tent+-ion(n. suffix)〉 붙들어둠, 구금
husband[hʌ́zbənd] 〈hus-+band(=manage)〉 남편, 절약하다, 재배하다
hustings[hʌ́stiŋz] 〈hus-+ting(=court, assembly)〉 연설회장, 법정, 재판
sustain[səstéin] 〈sus-(=under)+tain〉 지지하다, 견디다
tenant[ténənt] 〈ten+-ant(=ing)〉 임대인, 소작인

▶같은 듯 같지 않은 단어들

• decide[disáid] 모든 가능성을 고려한 후 선택 혹은 결정을 내림

He's decided to go to London for his holidays.
그는 휴일에 런던에 가기로 결정했다.

• determine[ditə́ːrmin] 공식적으로 어떤 것에 관한 사실들을 확정시킴

Policemen are still trying to determine the cause of the accident.
경찰관들은 여전히 그 사고의 원인을 확정지으려 하고 있다

• resolve[rizɔ́lv] 어떤 일을 하기로 확고한 결정을 내림

She resolved not to tell him the truth.
그녀는 그에게 진실을 말하지 않기로 결정했다.

• make up one's mind 오랜 시간 생각한 후에 결정을 내리다

He had clearly made up his mind to apply for membership.
그는 회원에 가입하기로 확고히 마음을 정했다.

Subtlety set a trap and caught itself.
교활함은 덫을 놓아 자기 자신을 옭아맨다.

CHAPTER 1 _ in vivo, 삶 속에서
057

09 idiot

사람은 가지가지

idiot[ídiət]
① 바보, 천치
② (심리학의) 백치

남다른 바보 이반

바보 하면 생각나는 이름 중 하나는 이반입니다. 러시아의 문호 톨스토이Lev Nikolayevich Tolstoy(1828-1910)가 쓴 이야기 속에 나오는 주인공이지요.『바보 이반』은 1886년 발표된 작품으로 러시아의 전설을 소재로 사회의 부조리와 부패, 그리고 톨스토이 자신의 무저항주의와 반전사상을 담은 동화입니다.

작품 속의 주인공 이반은 어느 농부의 세 아들 중 막내로 태어났습니다. 이반은 열심히 일하며 착하게 살았고, 두 형과도 우애를 지키며 사이좋게 지냈지요. 이 모습에 질투를 느낀 악마가 이들을 이간질하여 서로 싸우게 만듭니다. 하지만 바보스러울만큼 착하디착한 이반 때문에 악마의 계획은 번번이 수포로 돌아가고 말죠. 화가 난 악마는 더욱 치밀한 계략으로 이반을 궁지에 몰아넣으려 하지만 욕심 없는 이반에게는 아무런 영향도 끼칠 수 없었습니다. 이에 악마도 착한 '바보 이반'에게는 어쩔 수 없이 두 손 들고 물러나고 말았지요.

글쎄요, 우리 눈에는 바보이지만 바보 이반의 입장에서 보면 그저 사심 없이 소신대로 살아가는 것일 테지요. 이반은 소유에 집착하지 않아서 무소유의 삶을 살 수 있었지만 우리네 보통 사람들은 그렇게 하기가 쉽지 않습니다. 적어도 자신의 능력만큼 아니 능력 이상으로 더 많이 가지려고 욕심을 부리게 됩니다. 원래 인간은 이기적인 동물이라고 하지 않습니까.

이기적 동물에게 이기적 행동은 당연한 것입니다. 이기적 행동은 인간뿐만 아니라 지능이 높은 돌고래 무리에서도 관찰된다고 합니다. 돌고래 수컷들은 두세 마리씩 무리를 지어 암컷을 따라다닙니다. 수컷들에 의해 앞뒤 좌우로 포위된 암컷이 마침내 허락의 신호를 보이면 그중 한 수컷이 먼저 짝짓기를 합니다. 짝짓기가 끝나면 그 수컷은 다른 수컷이 암컷과 짝짓기를 할 수 있도록 암컷을 포위하는 임무를 대신 떠맡습니다. 그런데 간혹 먼저 짝짓기를 끝낸 수컷 중에는 자기 몫을 챙긴 후 무리를 이탈하는 얌체 수컷이 있답니다.

이기적 인간들이 빚어내는 공유지의 비극

지능이 더 높아서일까요? 인간 사회에서 이런 얌체 이기주의의 사례는 쉽게 발견됩니다. 미국의 생물학자 개럿 하딘Garrett Hardin(1915-2003)은 자신의 연구를 통하여 인간의 이기적 행동을 분명하게 입증하였습니다. 그는 1968년『사이언스』지에 게재한「공유지의 비극tragedy of the commons」이라는 논문을 통해, 이익을 추구하는 개인에게 공공 자원의 관리를 자율적으로 하도록 맡겨 두면 그 자원은 곧 고갈되어 비극으로 끝이 난다는 '공유지의 비극'을 언급하였습니다. 이는 개인뿐만 아니라 집단에게 관리를 맡겨도 같은 결론이 나온다고 합니다. 이 공유지의 비극은 후에 경제학 분야에서 즐겨 쓰는 용어가 되었습니다.

뉴스에서 연평도 연안의 꽃게잡이 어민들이 하소연하는 장면을 본 적이 있습니다. 중국 어선들이 불법으로 싹쓸이 조업을 하여 꽃게의 어획량이 눈에 띄게 감소했다는 것입니다. 어민들은 어장이 황폐해 지는 것을 미연에 방지하기 위하여 일정 기간을 정해 놓고 그 기간 동안은 조업을 금지하는데, 연평도 어민은 이 조업 금지 조치를 지키지만 중국 어선들이 몰래 불법으로 조업을 하여 꽃게를 싹쓸이해 가는 것이죠. 공적인 제재가 있어도 이 모양인데 하물며 이것을 자율에 맡겼다면 어떻게 되겠습니까?

대부분의 사람들은 남들이 꽃게를 잡지 않을 때 나 혼자 몰래 잡으면 이득이 될 것이라고 생각합니다. 그래서 그 생각을 행동에 옮겨 몰래 꽃게를 잡습니다. 그런데 문제는 이런 생각은 혼자만 하는 것이 아니라 다른 사람도 다 똑같이 한다는 것입니다. 결과적으로 곧 어장의 꽃게는 씨가 마르게 됩니다. 그 누구의 소유도 아닌 공유지를 자율 관리에 맡겨 두면 자원이 고갈되는 비극이 생기기 때문에 공공기관이나 국가가 자율이 아닌 제도적으로 관리해야 한다는 것이지요.

그런데 인간이 자신의 이익에 따라 바꾸는 것이 어디 행동뿐이겠습니까? 그렇지 않습니다. 인간의 이기주의는 인지 작용도 바꾸어 놓습니다. 인간은 자신이 믿고 있는 것에 견주어 일치되거나 유리한 정보는 관대하게 받아들입니다. 반면에 자신의 믿음에 대하여 반대되거나 부정적인 정보는 애써 외면합니다. 더 나아가 자신의 믿음을 강화할 수 있는 자료를 구해서 지금 가지고 있는 정보를 더욱 공고히 하기도 합니다. 결과적으로 자신의 입맛에 맞는 정보를 가지고 애써 보편화하려는 보수주의자가 되기 때문에 여간해서는 기존의 인식이 바뀌지 않습니다.

이것이 미국의 사회심리학자 토머스 길로비치Thomas Gilovich가 말하는 편향확증comfirmation-bias입니다. 그는 이것의 원인을 이렇게 설명합니다. 사람들이 기존 인식을 확고하게 해주는 정보에 관대한 것은 다름 아닌 기존 인식에 불리한 정보를 무시해버리는 것이 편안하기 때문이라는 겁니다. 한마디로 게으르고 이기적인 인간의 속성이 빚어낸 결과입니다.

너무나 독특한 페르소나를 쓴 idiot

그리스어 idióēs(국가의 공직을 갖지 못하는 평범한 사람)
⇒ 라틴어 idiota(보통사람) ⇒ 고대 프랑스어 idiote(얼간이) ⇒ idiot(바보)

십인십색, 백인백색. 사람마다 제각기 다른 모습이라는 말로 사람들은 저마다 외모는 물론 성격도 다릅니다. 말하자면 이는 곧 개성인데요. 우리는 개개인을 구별 짓는 개성이 부모로부터 유전된다고 믿고 있습니다. 그런데 개성의 변이 중 20~50%만이 유전자에 의해 결정된다는 연구 결과가 있습니다. 이 연구에 따르면, 개인을 구별 짓게 만드는 요인들 가운데 중요한 것은 유전자가 아니라 후천적인 환경과 학습의 영향이라고 합니다. 50%의 유전자를 공유하고 있는 형제자매라고 할지라도 너무나도 다른 사람이 될 수 있다는 것이죠. 그러니까 바보 이반도 두 형과 비슷한 유전자를 갖고 태어났지만 후천적 환경에 의해 다른 사람이 되었을 겁니다.

이는 idiot(바보)에 내포되어 있습니다. idiot는 '개인적'이라는 뜻을 가진 그리스어 idios에서 나왔습니다. 그리고 idios에서 명사 idiótēs가 파생되었는데, idiótēs는 원래 '배우지 못해서 지식이 없기 때문에 국가의 공직을 갖지 못하는 평범한 사람'을 의미했습니다. 이 때문에 후에 idiótēs는 '무식한 사람'을 뜻하게 되었지요. 그러다가 라틴어에 유입되면서 '보통사람'을 지칭하는 idiota가 되었고, 이것이 고대 프랑스어에서 idiote로, 다시 14세기에 영어로 유입되어 '교육받지 못한 사람, 무식한 사람' 또는 '마음 약한 사람'이란 뜻의 idiote 또는 idiot가 되었습니다.

한편 '사람'을 뜻하는 person은 원래 '가면'이라는 뜻을 가진 라틴어 persōna에서 온 것입니다. 즉, 개성은 사람들이 각자 자기임을 잘 드러내는 가면이라는 겁니다. 고대 라틴어에서 persōna는 연극의 '등장인물'을 뜻하는 말이었는데 나중에 '사물의 특성' 또는 '사람의 개성personality'을 의미하게 되었습니다.

또한, 중세 라틴어에서 persona는 '중요 인물'이라는 의미까지 갖게 되었고 이 것이 고대 프랑스어에 유입되어 persoune 또는 persone로 쓰이게 되었습니다. 나 아가 영어에 차용되어 '인간' 또는 '인물'이란 의미로 사용되었죠. 그러다가 15세 기에 person은 권리 의무의 주체, 즉 '인격체'를 의미하였고 16세기에는 영문법 분야에서 '인칭'의 의미로 사용되었습니다.

그리스시대에는 배우지 못해서, 때문에 공직에 나가지 못한 사람이 idiot였으 며 로마시대에는 보통 사람이 idiot이었습니다. 지금은 지능이 낮아 정상인과 다 른 행동을 하는 사람을 idiot라고 합니다. 원래는 주변과 구별되어 독특하고 개별 적인 사람을 가리키는 것이 idiot이었는데 세월이 지나면서 그 의미는 부정적으 로 비하되었습니다.

개성이 독특하고 유별난 사람이든 바보든 그것은 신이 씌워준 가면이 아니겠 습니까? 세상은 커다란 무대이고 우리는 신으로부터 배역을 할당받았습니다. 지 금 우리는 그 배역에 맞는 가면, 즉 페르소나를 쓰고 열심히 연기하고 있습니다. 그리고 연극이 끝날 때까지 열심히 해야 합니다.

fac(t), fect, fic, -fy(=to make, 만들다) / idio(=one's own, 개인의) / person(=actor's face mask, 배우의 가면)

facile[fǽsil] 〈fac+-ile(=suited for, capable of)〉 손쉬운, 쓰기 쉬운
idiolect[ídiəlèkt] 〈idio-+lect(=talk)〉 개인어, 개인말
idiosyncrasy[ìdiəsíŋkrəsi] 〈idio-+syn-(=together) + crasy(=mix)〉 특질, 특이성
infect[infékt] 〈in-(=in)+fect〉 감염시키다, 오염되다, 병이 들다
magnify[mǽgnəfài] 〈magni(=great)+-fy〉 확대하다, 과장하다

▶같은 듯 같지 않은 단어들

• pay[pei] 일에 대한 금전적인 보상, salary와 wage의 의미를 포괄함

   They often work long hours for low pay.
   그들은 종종 저임금을 받고도 장시간 일한다.

• salary[sǽləri] 사무직 종사자에게 월급으로 지급되는 연봉

   She had to accept a lower salary when she changed her jobs.
   그녀는 직장을 옮길 때 더 낮은 연봉도 수용해야만 했었다.

• wage[weidʒ] 보통 육체노동자에게 시간급, 일급, 주급으로 지급되는 급료

   She is paid a good wage because she works for a fair employer.
   그녀는 정직한 사장님과 일을 하기 때문에 많은 급료를 받고 있다.

Though men were made of one metal, yet they were not cast all in the same mould.
사람들이 같은 금속으로 만들어 졌다고 해도 똑같은 주형틀로 찍어낸 것은 아니다.

CHAPTER 1 _ in vivo, 삶 속에서
063

10 mob
자기모순의 오류

mob[mɑb/mɔb]
① 군중, 폭도
② 대중, 민중, 하층민
③ 악인의 무리, 갱, 조직적 범죄 집단
④ 마피아
⑤ 몰려들다, 모이다

모순된 인간의 심리

세상살이에는 앞뒤가 맞지 않는 것들이 많이 있습니다. 이른바 모순된 것들이 죠. 모순이라는 말은 원래 세상의 어떤 방패도 뚫을 수 있는 창矛과 어떤 창도 막을 수 있는 방패盾를 파는 중국 초나라의 상인으로부터 유래한 고사성어입니다.

세상의 어떤 방패도 뚫을 수 있는 창, 세상의 어떤 창도 막을 수 있는 방패. 이 둘은 양립할 수 없는 것입니다. 바로 모순이지요. 그런데 이런 모순은 사람들의 심리에도 존재합니다. 19세기 프랑스 극작가 외젠 라비슈Eugène Marin Labiche(1815-1888)는 자신의 희극 작품인『페리숑 씨의 여행』에서 모순된 인간 심리를 잘 묘사해 놓았습니다.

파리에 사는 페리숑 씨는 아내와 딸과 함께 알프스로 여행을 떠납니다. 여행에는 그의 딸을 흠모하는 두 청년, 아르망과 다니엘도 동행하게 되죠. 알프스에 도착하여 산장에 머물던 어느 날, 페리숑 씨가 말을 타다가 낙마하여 언덕 아래로 굴러 떨어졌습니다. 가파른 비탈을 데굴데굴 굴러가고 있는데 다행히 그곳을 지나던 아르망이 그를 구해줍니다.

그 사실을 알게 된 페르송 씨의 아내와 딸은 아르망에게 감사를 표하며 그를 치켜세웠습니다. 페르송 씨도 고마움을 표했지만 시간이 갈수록 그의 마음은 묘하게 변하게 됩니다. 자신이 어쩔 수 없는 위급한 상황이 아니라 굴러 떨어지면서 막 나뭇가지를 잡으려던 참에 아르망이 나타났다는 생각을 하게 된 것이죠. 그러면서 아르망에 대한 고마움이 점점 줄어들더니 급기야 그가 싫어지기 시작했습니다.

얼마 후 페리송 씨는 딸을 좋아하는 또 다른 청년인 다니엘과 트레킹을 나가게 되었습니다. 트레킹 도중 다니엘이 발을 헛디뎌 추락하려는 찰나, 페리송 씨가 그를 극적으로 구해주게 됩니다. 산장으로 돌아온 페리송 씨는 아내와 딸 앞에서 그 일을 자랑하였고, 다니엘도 페리송 씨에게 진심 어린 고마움을 전하였습니다. 이 사건 이후 페리송 씨는 자신의 사윗감으로 아르망보다는 다니엘을 밀어줍니다.

이 작품을 통하여 외젠 라비슈는 인간 심리의 모순된 모습을 너무나 적나라하게 보여줍니다. 인간에게는 자신을 도와준 사람을 고마워하기는커녕 싫어하는 심리가 있다는 겁니다. 아마도 자신을 도운 사람에게는 빚을 지고 있다는 심리적 부담을 느끼기 때문이겠지요. 반면 자신이 도움을 준 사람을 좋아하는 것은 그것이 자랑스럽고 또 그 사람이 자신에게 두고두고 감사할 것으로 생각하기 때문일 것입니다. 그렇지만 어쨌든 자신을 도운 사람을 멀리하려는 그 심리는 모순된 거 아니겠습니까?

경제행위의 모순, 베블런 효과와 디마케팅

사람들의 모순된 행태는 이것만이 아닙니다. 경제 이론에서 볼 때, 제품의 가격이 오르면 그것을 사려는 수요가 줄어들게 마련이죠. 그런데 가격이 올라도 수요가 변함없는 경우가 있습니다. 바로 부유층의 과시욕과 허영심의 대상이 되는 명품이 그렇습니다. 이렇게 가격이 올라도 수요가 줄지 않는 현상은, 미국의 사회학자 베블런Thorstein B. Veblen(1857-1929)이 주장한 베블런 효과veblen effect 때문입니다.

그는 1899년 자신의 저서『유한계급론』에서 상류층 사람들은 자신들의 사회적 지위를 과시하기 위하여 주위를 의식하지 않는 소비 행태를 보인다고 말했습니다. 그는 이 지적을 통하여 물질 만능주의를 비판하고 상류층의 각성을 촉구하였습니다. 자각 없는 상류층의 대표적인 소비 품목은 바로 최고급 수입차ㆍ가전제품, 명품 가방, 귀금속류 등인데요. 이런 것을 취급하는 업계는 경기침체를 비웃기라도 하는 듯 늘 호황을 누리고 있습니다. 오히려 가격이 오를수록 또는 비싼 품목일수록 해당 상품의 수요가 더 증가한다고 합니다.

모순된 행동을 보이는 것은 개인뿐만 아니라 이익집단인 회사도 마찬가지입니다. 아기들이 먹는 분유를 생산하는 네슬레Nestle는 아기에게 정말 좋은 것은 모유라고 하면서 모유 수유 캠페인을 벌입니다. 자기 회사의 제품이 아닌 엄마의 모유를 먹이라는 겁니다. 이익을 추구하는 것이 기업의 목표인데 그 목표와는 정반대 행동을 하고 있습니다. 또한 담배 회사들도 흡연이 건강을 해친다는 광고를 담배 케이스에는 물론 매스컴을 통하여 대중들에게 알리고 있습니다. 담배가 건강에 해롭다는 것은 이미 입증된 사실이기는 하지만 아무리 그렇다고 하더라도 제품을 많이 팔아 이윤을 창출해야 하는 기업이 그러한 행위를 한다는 것은 모순일 수밖에 없습니다.

이런 모순된 기업 행위, 기업들이 그들의 제품이나 서비스의 수요를 의도적으로 줄이는 행위를 디마케팅demarketing이라고 합니다. 기업은 왜 이런 모순된 행위를 할까요? 이윤 추구는 기업의 목표인데 이윤을 포기하는 행위가 진정성이 있을까요? 그것은 이보 전진을 위한 일보 후퇴, 즉 장기적인 포석입니다. 당장은 손해를 보더라도 자신들의 부정적인 면을 솔직히 시인하는 모습을 보여줌으로써 소비자들에게 신뢰감을 얻으려는 것이지요.

군중 속에서 고독을 느끼다

이외에도 주변을 둘러보면 모순적인 것은 많습니다. 출퇴근 시간에 거리를 나선 사람이라면 누구든 자동차들로 꽉 막힌 광경을 목격합니다. 넘쳐나는 차량으로 포화 상태에 이른 도로, 이로 인한 교통체증은 이제 도시민들에게는 일상사가 되어 버렸습니다. 속도의 시대에 걸맞게 빨리 이동하고 남은 시간에 일을 더 하기 위하여 자동차를 이용하는 것인데, 오히려 그것에 갇혀 시간을 더 쓰게 되는 자가당착自家撞着에 빠진 것이지요.

이뿐만이 아닙니다. 도로를 꽉 메운 자동차 속의 사람들. 그 많은 사람들은 자동차라는 작은 공간에 갇혀 혼자가 되었습니다. 고독이란 단어와는 아무 관련 없을 것 같은 군중이 혼자가 되어 버린 모순된 상황입니다. 군중 속의 고독이지요. 그런데 이것은 어제오늘의 일이 아닙니다. 1950년 미국의 사회학자 리스먼 David Riesman(1902-2002)이 그의 저서 『고독한 군중』에서 이를 언급하였습니다.

리스먼은 정신분석학과 문화인류학적인 접근 방식으로 사람들의 성격을 분석했는데요. 정확히 말하자면 심리적인 성격이 아니라 사회적 성격을 분석한 것입니다. 그가 말한 사회적 성격이란 사회적 환경에 의해서 결정되는 개인의 욕망과 만족감을 말합니다. 주변 세계나 주위 사람들과 접촉하는 자세와 태도가 바로 그 사람의 사회적 성격이라는 것이지요.

사회적 성격이란 개인이 접촉하는 사회적 환경에 따라 상대적인 것이니 각자 개인이 속한 사회가 달라지면 당연히 개인의 사회적 성격도 달라지겠지요. 따라서 전통적 농경사회에서 현대 물질문명의 사회로 발전함에 따라 그 사회 속에 살아가는 개인의 사회적 성격도 달라졌습니다. 즉, 전통적 가치관을 중시하는 내부 지향적인 성격에서 타인 지향적인 성격으로 바뀌었다는 것이 리스먼의 주장입니다.

이를테면 이전까지는 가족이나 학교 같은 전통적 가치관을 중요시하는 집단을 통해 개인의 사회화가 이루어졌다고 한다면, 오늘날 우리는 주변 사람들의 기대와 선택을 보면서 혼자서 자기 나름의 자세와 태도를 결정한다는 겁니다. 오늘날 개인의 사회화는 오로지 자신에게 달린 자신만의 문제인 셈이지요. 따라서 주변 사람들의 움직임을 끊임없이 살피며 소외되지 않으려고 애를 씁니다. 겉으로 보면 SNS 덕분에 많은 사람들과 교류하는 것처럼 보이지만 내면적으로는 혼자일 수밖에 없는, 그래서 소외감에 빠져드는 고독한 군중이 될 수밖에 없습니다.

움직이지 않는 군중과 자동차

라틴어 mobile vulgus(=moving crowd)(움직이는 군중)
⇒ mobile(움직이는) ⇒ mob(군중)

그런데 우연의 일치일까요? 군중을 의미하는 어휘 mob도 이와 같은 모순을 보여줍니다. 원래 mob은 '움직이는'을 뜻하는 mobile의 축약어인데, 이는 라틴어 mobile vulgus(=moving crowd, 움직이는 군중)에서 유래되었습니다.

17세기에는 지금과는 달리 사람들이 합법적으로 집회를 하고 시위를 할 수 있는 권리를 갖지 못했습니다. 그래서 그것을 제지하는 당국자들로부터 거리를 두고 이동해 다니면서 그들의 주장을 펼칠 수밖에 없었고 일반 대중과는 격리되어 움직이는 군중이라는 의미를 가지게 되었지요. 그러다가 19세기에 mob은 '범죄를 노리는 소매치기단 같은 무리'를 의미하게 되었고, 이것이 20세기에 들어와서는 '어느 한 곳을 거점으로 활동하는 대규모 조직적인 범죄 집단(마피아)'을 가리키게 되었습니다. 결과적으로 mob은 moving, 즉 이동의 의미가 사라지고 어느 한 곳을 거점으로 하는 무리를 가리키는 말이 되었습니다.

그런 모순은 automobile(자동차)도 마찬가지입니다. 그리스어 auto(=self, 스스로, 자신)와 라틴어 mobilis(=movable, 움직이는)에서 온 automobile은 자체로 모순된 의미의 어휘입니다. 글쎄요, 많이 발전하고는 있지만 아직은 자동차가 스스로 움직인다고 할 수는 없습니다. 게다가 빠르게 움직여야 할 자동차가 교통체증에 걸려 꼼짝 못 하고 정지하고 있는 것 자체도 모순이 아니겠습니까?

CEED ceed, cede, cess(=to go, 가다) / aut(o)-, auth-(=self, 자신)

autograph[ɔ́ːtəgræf] 〈auto+graph(=to write)〉 자필, 친필
exceed[iksíːd] 〈ex-(=out)+ceed〉 넘다, 추월하다, 능가하다
precede[prisíːd] 〈pre-(=before)+cede〉 앞서다, 앞장서다
proceed[prousíːd] 〈pro-(=forward)+ceed〉 나아가다, 절차를 밟다
recess[ríːses] 휴식, 휴회, 깊숙한 곳

▶같은 듯 같지 않은 단어들

• conventional[kənvénʃənəl] 인습적인, 재래식의

His wife is a respectable woman with conventional opinions.
그의 아내는 전통적인 소신을 갖춘 존경 받을 만한 여성이다.

• normal[nɔ́ːrməl] (예상할 수 있는) 보통의, 전형적인

My life in the island will continue as normal.
섬에서의 내 생활은 하던 대로 이어질 것이다.

• ordinary[ɔ́ːrdənèri] 특별하거나 비범하지 않은

It was just an ordinary Thanksgiving Day for us.
우리들에게 있어서 그날은 평범한 추수감사절이었다.

• routine[ruːtíːn] (정상적인 체계의 일부로) 규칙적으로 일어나는, 판에 박힌

He checked up on his car as a matter of routine.
그는 일상적으로 자신의 차를 점검해 왔다.

Some men plant an opinion they seem to eradicate.
사람들은 자기가 곧 절희해야 할 주장을 한다.

CHAPTER 1 _ in vivo, 삶 속에서
069

11 mortuary
죽는다는 것은 이런 것

mortuary[mɔ́ːrtʃuèri]
① 영안실
② 사후 헌납
③ 죽음의, 매장의

죽음의 다섯 단계

우리에게 널리 알려진 베스트셀러 『인생 수업』의 저자인 스위스 태생의 의사 엘리자베스 퀴블러 로스Elizabeth Kübler Ross(1926-2004)는 많은 불치병 환자들을 치료하면서 그들의 죽음을 지켜보았습니다. 그리고 그 과정에서 불치병 환자들이 자신의 죽음을 순순히 받아들이기까지 다섯 단계의 과정을 거친다는 사실을 알게 되었다고 합니다. 그녀는 이것을 『인간의 죽음On death and dying』에서 밝히고 있는데요. 그 다섯 단계는 이렇습니다.

먼저, 첫 번째 단계는 부정과 고립입니다. 불치병에 걸렸다는 것과 자신의 죽음이 임박했다는 사실을 부인하면서 주변과의 관계를 끊고 칩거하면서 혼자의 시간을 가져 봅니다. 두 번째 단계는 분노입니다. 불행한 일을 당하는 사람이 왜 하필 자신이어야 하는지에 대한 분노를 표출하며 주변에서 빌미를 제공한 듯한 사람을 찾아 모든 것을 그의 탓으로 돌리려고 합니다. 세 번째 단계는 타협입니다. 의사에게 살려 달라고 매달리거나 하느님에게 자신의 죽음을 유예해 줄 것을 기도합니다. 나아가 특정 날짜까지만이라도 살게 해달라는 요구를 하기도 합니다. 네 번째 단계는 우울입니다. 삶에 대한 의지를 완전히 상실하고 온몸의 기력조차 소진되어 모든 것을 포기하는 상태가 됩니다. 다섯 번째 단계는 수용입니다. 자신이 곧 세상을 떠난다는 사실을 인정하고 진통제를 맞으며 연명을 해나갑니다. 그러면서 아름다운 그림과 음악 등을 감상합니다.

이렇게 하여 한 생명체가 생명이 꺼져가는 죽음을 맞게 되는데, 이 죽음이라는 것은 생명체가 다세포 생물로 진화하면서 생겨난 것입니다. 약 40억 년 전까지는 단세포 생물만이 존재했으므로 그것이 죽는 일은 없었습니다. 단세포 생물은 하나의 개체가 두 개체로 나누어지는 이분열을 무한 반복하기 때문이죠. 산호초 같은 것이 대표적인 예입니다.

그런데 이 단세포 생물이 진화하면서 세포가 두 개 또는 그 이상이 붙어서 생명 활동을 해나가는 다세포 생물이 나타났습니다. 두 개 이상의 세포들은 서로 신호를 교환하고 효율적인 생명 활동을 하기 위해 역할 분담을 합니다. 어떤 세포는 음식 소화와 양분 섭취를 맡고 또 다른 세포는 음식 찌꺼기를 배설하는 작용을 담당합니다. 세포 결합은 점점 진화하여 더 많은 수의 세포로 구성된 다세포 생물의 출현으로 이어졌고, 이에 따라 세포들은 더욱 역할이 분담되면서 전문화되었습니다.

하지만 세포 수가 많아지고 전문화되면서 한층 더 발달된 고등 생물체가 됨에 따라 그에 따르는 폐해를 감수해야 했습니다. 세포 수가 많아지면서 서로 간의 소통이 원활치 못하거나 조화를 이루지 못해 그 세포는 물론 그와 관련된 세포들까지 점점 약해져 결국 죽게 되는 결과를 가져왔습니다. 이렇게 빚어지는 죽음의 시작은 도미노 현상처럼 생물체 전체로 파급되어 그 생물체는 결국 죽음을 맞게 됩니다. 세포 간의 부조화로부터 출발하는 생명체의 죽음은 지금으로부터 7억 년 전에 시작된 현상으로 보고 있습니다.

제품의 생사 갈림길, 캐즘

생명체의 죽음에 영향을 미치는 소통. 그런데 이 소통의 문제는 단순히 생명체에만 국한되지 않습니다. 고도로 발달된 산업사회에서는 소통이 제품의 생사까지도 좌우합니다. 제품과 소비자 간의 소통 여부에 따라 그 제품이 살아남느냐 사라지느냐가 결정된다는 말이지요.

저명한 마케팅 전문가 제프리 무어Geoffrey A. Moore는 『캐즘 마케팅Crossing the chasm』이라는 그의 책에서 지질 용어인 캐즘을 사용하여 첨단기술 수용론을 제시하였습니다. 캐즘은 원래 지각 변동이 일어날 때 지층 사이에 큰 틈이 생기며 지층이 단절되는 것을 의미하는데요. 제프리 무어는 첨단기술 제품이 출시되어 대중화에 이르는 과정에 단절된 틈, 즉 캐즘이 있다는 것입니다. 그 캐즘을 넘어서면 신상품은 히트 상품이 되지만 그렇지 못한 경우에는 일부 얼리어답터early adopter들에게만 사용되다가 시장에서 사라지게 된다는 것이지요. 한때 사용되던 미니디스크(MD)와 PDA를 그 예로 들 수 있습니다.

좀 더 상세히 말하자면, 캐즘은 얼리어답터와 초기 다수수용자early majority라고 하는 사람들 사이에 존재하는데 기업들은 신상품이 나오자마자 적극적으로 구입하는 얼리어답터들을 오피니언 리더opinion leader로 활용하여 입소문을 유도하면서 더 나아가 제품의 가격, 성능, AS 등을 따져서 구매하는 초기 다수수용자들의 마음을 사로잡아야 한다는 것입니다.

또한 제프리 무어는 캐즘을 넘기 위한 전략으로 볼링앨리bowling alley라는 것을 내놓았습니다. 앨리는 좁은 길입니다. 그러니까 볼링앨리 전략은 볼링에서 헤드핀을 노리듯이 신상품의 판매 대상을 좁혀 선택과 집중을 해야 한다는 겁니다. 일단 특정 구매층을 선택하고 집중하여 소기의 목적을 이루고 난 후 점차 범위를 확대해 나가라는 것이죠. 그러다가 캐즘을 넘어서면 구매가 폭발적으로 늘어나게 되는데 무어 박사는 이것을 토네이도tornado라고 명명하였지요.

이렇게 보면 생명체든 제품이든 생사의 갈림길이 있다는 사실이 흥미롭습니다. 그런데 기업은 신상품 개발비를 포함한 비용의 손실 때문에 제품의 실패를 두려워한다지만 우리는 단지 우리 몸을 구성하는 세포들의 죽음일 뿐인데 왜 죽음을 두려워하는 것일까요? 아마도 죽음에 대한 두려움은 죽는다는 사실 그 자체보다는 죽을 것이라는 예상에 대한 두려움일 겁니다. 자신의 죽음 이후에 예상되는 모든 관계의 단절이 더 두려운 것이지요. 죽는다는 것은 우리 몸의 모든 세포의 활동이 정지되면서 삶 자체가 끝나는 것인데 사람들은 삶이 지속되는 가정하에 모든 것을 생각합니다. 그러니까 살아 있는 현재로 죽은 후를 생각하는 것이지요.

죽음 같은 모기지론

라틴어 mori(죽다) ⇒ 고대 프랑스어 mort(죽음) ⇒ mortuary(영안실)

죽음과 관련된 영어 어휘도 죽음에 관한 흥미로운 사실을 시사합니다. 고대 영어 시대에는 죽어가는 상태나 동작을 나타낼 때 steofan(굶어 죽다)과 sweltan(더위로 죽다)이 사용되었습니다. 아마도 그 시절에 가장 큰 사망 원인은 먹을 것이 부족해서 굶어 죽거나 또는 먹을 것을 찾아서 수렵이나 채취 활동을 하다가 불의의 사고를 당해 죽음을 맞는 경우가 많았을 겁니다. 따라서 고대의 죽음은 점진적으로 생명이 꺼져가는 자연사가 아니라 갑작스럽게 찾아오는 돌발사였습니다. 그러다 보니 죽음이 발생하는 경위를 나타내는 어휘를 사용하게 되었던 것이지요. 단순히 죽는 동작이나 상태만을 의미하는 die는 시기적으로 한참 후에 등장했습니다.

그런데 특이한 것은 형용사 dead와 명사 death는 애초부터 사용되고 있었다는 점입니다. 이 어휘들은 인도유럽어 dheu-를 어간으로 가지면서 한편으론 그리스어 thánatos(=dead, 죽은)와 연관되어 있습니다. 후에 고대 노르웨이어 deyja(=die)를 시발로 하여 dīgan(=die) 또는 dēgan(=die)이 고대 영어 시기에 사용되면서 기존에 사용되던 dead와 death가 시너지 효과를 얻어 steofan과 sweltan의 자리를 대신하게 되었습니다. 그것이 후에 die가 된 것이죠. 이후 steofan은 starve(굶어 죽다)로 되었고 sweltan은 swelter(더위에 시달리다)로 형태가 바뀌어 오늘날에 이르고 있습니다.

죽음과 관련된 또 다른 어휘로 mortal(죽는)이 있습니다. 이것은 die의 뜻을 가진 라틴어 mori가 고대 프랑스어로 전해져 mort(=death, 죽음)가 되었고, 다시 영어에 유입되어 mortuary와 mortgage(저당, 담보대출) 같은 어휘가 생겨난 것입니다. 모기지론이라는 말이 여기에서 나온 것인데요. 앞서 언급한 라틴어 mori의 과거분사 mortuus가 고대 프랑스어에 들어와 어간 mort에 gage(맹세, 서약)가 합성되어 mortgage가 된 것으로 말 그대로 '죽음의 약속'이란 의미죠. 대출자가 빌려 간 것을 갚지 않으면 저당 잡힌 것은 몰수를 당하니 죽은 것과 다를 바 없다는 것입니다. 그것도 그것이려니와 집문서든 보석이든 간에 담보로 저당 잡히면 그 순간부터 담보물은 원주인에게 있어서는 죽은 것과 마찬가지라는 뜻 아니겠습니까? mortgage는 14세기 말엽에 영어에 유입되었는데 음가가 없는 철자 -t-는 라틴어 어원을 들추어내는 현학자들에 의해 16세기와 17세기에 삽입된 것입니다.

2008년 세계 금융 위기를 몰고 온 서브프라임 모기지 또는 과도한 주택담보대출(모기지론)로 고통 받고 있는 사람들이 있습니다. 구입한 주택이나 아파트의 가격이 기대만큼 오르지는 않고 대출이자의 부담은 날로 커져갑니다. 주택담보대출로 힘겨워하는 사람들은 mortgage에 죽음의 약속이란 의미가 내포되어 있다는 사실을 알고 있을까요?

fer(=to carry, 나르다) / mort(=death, 죽음)

confer[kənfə́ːr] 〈con-(=together)+fer〉 수여하다, 의논하다
defer[difə́ːr] 〈de-(=down, away)+fer〉 늦추다, 연기하다, 경의를 표하다
immortal[imɔ́ːrtl] 〈im(=not)+mort+-al(=relating to~)〉 죽지 않는, 불사신
infer[infə́ːr] 〈in-(=in)+fer〉 추리하다, 추론하다
mortmain[mɔ́ːrtmèin] 〈mort+main(=hand)〉 영구 양도, 영구 소유

▶같은 듯 같지 않은 단어들

• cabin[kǽbin] 작은 통나무집, 오두막집, 선실

　His family lived in the woods in a log cabin.
　그의 가족은 숲 속 통나무집에서 살았다.

• chalet[ʃæléi] 스위스 풍의 산장, 작은 집

　That chalet on the hill is made of oak tree.
　언덕 위에 있는 산장은 떡갈나무로 지었다.

• cottage[kɑ́tidʒ] 시골집, 오두막, 별장

　We stayed at his cottage in the country for three days.
　우리는 그의 시골집에서 사흘간 머물렀다.

• lodge[lɑdʒ] 임시 숙박시설, 오두막, 수위실

　There used to be a hunting lodge in the woods in my childhood.
　어린 시절 숲 속에는 사냥꾼들을 위한 오두막이 있었다.

12 president
이끄는 자와 따르는 자

president[prézidənt]
① 대통령
② 장, 회장, 총재, 의장, 사장
③ (대학의) 총장

교류분석을 통한 관계 형성

미국의 정신 분석학자인 에릭 번Eric Berne(1910-1970)은 그의 저서『심리 게임Game People Play』(1964)과『각본 분석What do you say after you say hello?』(1975)을 통하여 흥미로운 이론을 발표하였습니다. 교류분석 이론transactional analysis이라는 것인데요. 이론에 따르면 인간은 다른 사람과의 상호교류를 통해 자신의 욕구를 충족시키고 성장하기 때문에 사회 구성원과 서로 관계를 맺기를 원한다고 합니다. 그리고 그 과정에서 상대에게 영향력을 행사하려고 하기 때문에 끊임없는 심리적 게임을 하게 된다는 것이지요.

좀 더 자세히 말하자면, 개개인은 특정 순간에 성격의 일부를 드러내는 자아 상태가 있다고 합니다. 이를테면 부모 자아 상태parent ego-state, 어른 자아 상태 adult ego-state, 그리고 어린이 자아 상태child ego-state인데 이것을 P-A-C 모델이라고 합니다. 따라서 개개인은 타인을 만날 때, P-A-C 모델 중 어느 한 상태에서 말을 걸고 상대 역시 세 가지 자아 상태 중 어느 한 상태에서 반응을 한다는 것이지요.

즉, 어떤 사람이 타인을 만나 관계를 맺는 순간 그는 상대의 어른으로서 또는 부모로서 아니면 자식으로서 말을 건넨다는 것입니다.

이렇게 하여 관계가 설정되면 각자 자신의 역할에 따라 지배를 강화하거나 지배에서 벗어나기 위하여 심리 게임을 벌입니다. 이와 같은 역할 결정과 그들 사이의 심리 게임 때문에 사람 사이의 모든 갈등이 생겨난다는 것입니다. 그런데 인간 사회에서 지배와 피지배, 명령과 복종, 그리고 박해와 핍박의 관계를 벗어날 사람은 아무도 없습니다. 누구와 어떠한 관계를 맺든 어쩔 수 없이 역할 분담과 심리 게임에 뛰어들게 되어 있습니다.

역할 결정과 심리 게임, 발종지시

일찍이 고대 중국에서 이와 같은 관계를 사냥꾼과 사냥개에 비유하여 설명한 예가 있습니다. 발종지시發踪指示라는 고사성어가 바로 그것인데요. 그 고사의 주인공은 다름 아닌 중국의 한漢나라를 세운 유방劉邦(B.C. 247-B.C. 195)입니다. 그는 5년에 걸친 힘든 싸움 끝에 라이벌이었던 항우項羽(B.C. 232-B.C. 202)를 물리치고 천하를 손에 넣습니다. 으레 그렇듯이 승리를 축하하는 연회가 벌어지고 공을 세운 사람들의 논공행상을 가리는 자리가 마련되었죠. 사람들은 저마다 자기의 공을 내세우며 그에 합당한 상을 기대했습니다.

그 자리에서 유방은 자신의 참모인 소하蕭何(?-B.C. 193)를 일등 공신으로 책봉했습니다. 이에 무장들이 거세게 반발하며 자신들이 목숨을 걸고 전장에서 적들과 싸울 때 소하는 후방에서 편하게 지원만 해주었다는 겁니다. 그러자 유방은 사냥의 일화를 비유하며 이렇게 말했습니다. '사냥을 할 때 토끼를 쫓아가서 사냥을 하는 것은 사냥개이지만 방향을 정해주고 목표물을 알려주는 것은 사냥꾼이다. 그대 무장들은 사냥감인 토끼를 잡은 것이니 사냥개의 공로이고 소하는 사냥개에게 목표를 정해주는 사람이었으니 사냥꾼의 공로이다.' 유방의 말을 듣고

난 무장들은 머쓱해 하며 소하의 공로를 치하해 줄 수밖에 없었다고 합니다.

유방과 신하, 그리고 사냥꾼과 사냥개의 관계. 이것 또한 부모-어른-자식 간의 자아 관계에서 치르는 심리 게임의 일례라고 할 수 있습니다. 오늘날 국가의 각료 회의든 기업의 전략 회의든 참석자 모두가 의자에 앉아서 회의를 합니다. 겉으로는 모두가 동등하게 의자에 착석해 있는 모습이지만 내면에서는 각자 심리 게임을 하고 있는 것입니다.

심리 게임의 승자가 되기 위해

그런데 예전에는 아예 대놓고 관계를 나타냈습니다. 역사적 내용을 다룬 영화나 드라마에서 볼 수 있듯이 의자에 앉는 사람은 오로지 국왕이나 우두머리 한 사람뿐이었고, 그 외 사람들은 서 있어야 했습니다. 이렇게 '앞에 앉아 있는' 우두머리와 그 외 사람들은 심리 게임을 하게 됩니다. 왕 혹은 우두머리에 대하여 그 외 사람들은 아랫사람의 자아를 갖게 되겠지요.

현대 사회에서 가장 많은 사람들이 심리 게임을 벌이는 곳은 아마도 회사일 겁니다. 주종 관계 속에 벌이는 심리 게임. 그 시작은 바로 입사 면접시험입니다. 기업의 CEO와 나(면접자)와의 관계를 인정하기 때문에 CEO가 면접 내용을 또렷이 기억하여 나를 선택해 주기를 원합니다. 연구에 따르면 목표(합격) 달성의 여부에는 면접 순서가 중요하게 작용한다고 합니다.

면접 순서로 가장 유리한 것은 첫 번째입니다. 그 이유는 바로 초두 효과 primacy effect 때문인데요. 초두 효과란 인간의 두뇌가 나중에 제시된 것보다 처음에 제시된 정보를 훨씬 더 잘 기억하는 것을 이릅니다. 이것은 간섭 이론으로도 설명되는데요. 아무것도 없는 상태에서 들어온 정보는 그것에 대하여 영향을 미치거나 방해하는 요인이 없기 때문에 강하게 기억된다는 겁니다.

또한 면접 순서에서 강한 인상을 줄 수 있는 것은 마지막입니다. 이것은 최신 효과recency effect 때문입니다. 최신 효과란 우리 뇌에 여러 가지 정보가 전해질 때 가장 최근에 접한 정보가 기억에 잘 남아 있는 것을 가리킵니다. 이것은 TV에 방송되는 오디션 프로그램을 보면 쉽게 이해가 되죠. 여러 명의 참가자들의 경연이 끝나고 나면 가운데 끼인 참가자들에 대한 기억은 별로 없습니다. 단지 마지막 경연자의 모습만 뇌리에 남습니다. 또 토론에서 마지막에 멋진 말을 하여 인정을 받는 사람들을 보면 최신 효과의 중요성을 알 수 있습니다.

앞에 앉은 우두머리, president

라틴어 praesedēre[prae-(=before)+sedēre(=sit)](앞에 앉아서 감독하는 사람) praesidēns(praesedēre의 현재분사) ⇒ president(장, 대통령)

'앞에 앉아서' 좌장이 되어 무리를 주도하는 자를 일컫는 president는 원래 라틴어 praesidēns에서 나온 어휘입니다. 이것이 고대 프랑스어 president를 거쳐 영어에 유입되었죠. 그런데 라틴어 praesidēns는 prae-(=before, 앞에)+sedēre(=sit, 앉다)로 구성된 praesedēre의 현재분사입니다. 그러니 그 구성을 그대로 보더라도 president는 '앞에 앉아서 관리감독을 하는 사람'입니다.

나아가 sedēre에서 sedentary(앉아 있는)가 파생되었고 첫음절 sed-는 assess(평가하다), assiduous(근면한), insidious(틈을 엿보는, 음험한), seance(회의), sediment(앙금, 침전물), size(크기), subsidy(보조금), supersede(대신하다)와 같은 어휘에 들어있습니다.

president는 14세기 후반에 영어에 들어와 초창기에는 '식민지의 총독'이라는 뜻으로 쓰였는데, 위클리프John Wycliffe(1320-1384)의 성경에서 그 예를 찾아볼 수 있습니다. 그러다가 후에 '사회 조직이나 그룹의 우두머리'를 지칭하게 되었고 15세기에는 '대학의 학장', 17세기 후반에 들어서는 '학회의 회장', 18세기 후반에는 '회사의 사장'이라는 뜻으로 쓰이기 시작했습니다. 그러다가 president가 '대통령'의 의미로 사용된 것은 1787년 미국 헌법 초안에서입니다.

이처럼 president는 시대상을 반영하듯 그 의미가 변해 왔습니다. 또한 앞으로 이끌어 가는 일의 성격에 따라 또 다른 의미를 갖게 될 것입니다. 그렇다면 president는 가까운 장래에 제일 먼저 어떤 의미를 추가하게 될까요?

돈나

sed, sid, sess, set, sit(=to sit or settle, 앉다; seat, 자리, 좌석)

dissident[dísədənt] 〈dis-(=apart)+sid+-ent(=-ing)〉 의견을 달리하는, 불찬성자
obsess[əbsés] 〈ob-(=toward)+sess〉 (악마, 망령이) 들러붙다, 괴롭히다
preside[prizáid] 〈pre-(=before)+sid〉 의장이 되다, 사회를 보다, 주재하다
sediment[sédəmənt] 〈sed+-ment(=the act or result of)〉 앙금, 침전물
subside[səbsáid] 〈sub-(=under)+sid〉 가라앉다, 내려앉다, 함몰하다

▶같은 듯 같지 않은 단어들

• battle[bǽtl] 두 편으로 나누어진 군대나 군함 등이 서로 겨누어 대결하는 것

There are several nations which are now continuing the battle over territory.
지금도 몇몇 나라가 영토를 놓고 싸움을 하고 있다.

• combat[kámbæt] 전쟁 중의 전투

No one knew how many soldiers had died in combat.
전투 중에 얼마나 많은 병사들이 죽었는지 아무도 몰랐다.

• fight[fáit] 상대방을 죽이거나 다치게 하는 물리적 행위

He had a fight with a man in the bar.
그는 술집에서 한 남자와 싸웠다.

• war[wɔːr] 국가 간 전쟁 또는 대규모 사람들이 가담한 내전

The nation has been at war for the last ten years.
그 나라는 지난 10년간 전쟁을 치렀다.

13 pedestrian
발로 뛰는 고단한 인생

pedestrian[pədéstriən]
① 도보의, 보행자의
② (문체) 저속한, 산문적인, 단조로운
③ 보행자, 도보 여행
④ 잘 걷는 사람

인간의 건강한 이동 수단이었던 발

가끔 TV에서 유명 스포츠 스타들의 발을 보게 됩니다. 축구 선수, 스케이트 선수, 체조 선수, 그리고 발레리나들이 그들인데요. 인터뷰 도중에 발로 화제가 옮겨가면서 자의 반 타의 반으로 그들의 발이 공개됩니다. 상처의 흔적과 굳은 살이 잡힌 기형적인 모습은 그야말로 힘들었던 시간을 극복한 징표로서 보는 이의 마음을 찡하게 합니다.

장소 이동을 책임지는 우리의 발은 생존을 담보하는 중요한 기관입니다. 실제로 발은 신체 부위 가운데 가장 많은 뼈로 이루어져 있습니다. 26개의 뼈와 33개의 관절로 이루어진 아주 정교한 기관이지요.

그런데 인간은 다른 포유류와 달리 발바닥 전체를 땅에 디디며 걷습니다. 대다수의 동물들은 이동할 때 발끝이나 발굽만을 땅에 디딥니다. 지금도 어린아이가 초보 걸음마를 할 때는 발뒤꿈치를 들고 걷지 않습니까. 또 고릴라나 오랑우탄, 침팬지 같은 유인원을 보면 발가락이 길고 유연해서 발가락으로 나뭇가지를 잡고 손으로 다른 동작을 취합니다. 그렇다면 우리 인간의 조상도 그와 유사하지 않았을까요?

하지만 인간의 조상들은 아주 오래전 나무에서 내려와 무려 400만 년 동안 땅 위를 걷는 적응 훈련을 해 왔습니다. 그동안 인간의 발은 유인원처럼 쥐는 기능을 상실하였지만 나름대로 진화해 왔습니다. 그런데 과유불급過猶不及이라고 했던가요. 인간은 그 오랫동안의 적응 노력을 수포로 돌아가게 하는 일련의 자충수를 두고 말았습니다.

우선, 발의 기능을 완전히 퇴화시키는 신발이라는 발명품을 만들었습니다. 나무, 짚, 가죽 등 자연에서 얻은 여러 가지 재료를 이용하여 발을 감싸기 시작한 것이죠. 아이러니하게도 발을 보호하기 위하여 만든 신발은 발의 건강을 심각하게 해치고 있습니다. 게다가 킬힐 같은 무시무시한 신발은 발뿐만 아니라 온몸의 건강을 위협합니다. 이러한 사실은 여러 연구를 통해 밝혀진 결과입니다. 그 중에서 특히 관심을 끄는 연구는 아프리카에서 맨발로 다니는 줄루족의 발이 유럽인들의 발보다 훨씬 건강하다는 것이지요.

발과 바퀴, 계층의 분화

이것뿐만이 아닙니다. 문명이 발달하면서 인간은 발을 땅으로부터 점점 떼어 놓고 있습니다. 발과 땅 사이에 신발을 끼워 넣은 것도 부족하여 말 잔등에 타거나 말이 끄는 마차를 타더니 급기야 자동차를 타기 시작했습니다. 그런데 이와 같은 사건들은 상상 밖의 엄청난 결과를 초래했습니다.

여전히 두 발로 땅을 딛고 걷는 사람들과는 완전히 상반되는 바퀴 달린 것을 타고 다니는 사람들이 생겨난 것입니다. 이것은 권력과 부를 가진 상류층과 그렇지 못한 하층민으로 계층이 분화된 것을 의미합니다. 시간이 가면서 계층 간의 분화는 더욱 심해졌고 그 결과 빈익빈 부익부 현상이 나타났습니다. 그런데 못 가진 자의 불행은 여기서 끝나지 않았습니다. 홍수, 가뭄, 극심한 더위와 추위 같은 천재지변이 닥칠 때 그들은 가장 먼저 피해를 보는 희생자가 되었습니다. 기록에 남아 있는 한 사례를 보겠습니다.

1692년 가을, 이상 저온과 많은 강수량으로 프랑스에는 전국적으로 흉년이 들었습니다. 다음 해 봄에도 이상 저온이 계속되고 비가 많이 내렸습니다. 결국 농사는 망쳐버렸고 농부들은 거의 수확을 하지 못했죠. 당시 국가가 흉년을 대비해 곡물을 비축해 두었을리 만무했습니다. 가진 것이 없는 사람은 먹을 것을 구할 수 없었고 굶기 시작하면서 몸이 약해지고 병에 걸렸습니다. 2년에 걸친 흉작으로 프랑스에서는 2백여 만 명이 죽었습니다.

당시 프랑스를 다스리던 왕은 절대왕정 시대의 정점을 찍었던 태양왕 루이 14세Louis XIV(1638-1715)입니다. 왕은 백성들을 구제하기는커녕 높은 세금을 물려 전쟁으로 인한 재정 악화를 해결하려 하였죠. 이것이 왕실과 시민 계급의 대립을 촉발시켜 결국 1789년 프랑스 혁명으로 이어지게 됩니다.

자고로 백성들을 제대로 보살피지 못하는 국가는 오래 가지 못한다는 사실은 역사가 주는 교훈인가 봅니다. 『예기禮記』 대학 편에도 '재화와 부가 상층으로 몰리면 백성은 흩어지고財聚則民散 재화와 부가 아래로 분산되면 백성은 하나로 뭉친다財散則民聚'는 말이 있는데요. 힘없는 다수에게 관심과 배려가 있어야 한다는 말입니다. 루이 14세 같은 위정자들이 들었어야 할 말이 아닌가 생각합니다.

오늘날 국제 사회는 중국, 인도, 브라질 등 신흥 공업 국가들에게 관심을 기울이고 있습니다. 그들을 값싼 물건을 공급하던 '세계의 공장'으로 취급하는 것이 아니라 '세계의 소비 시장'으로 보기 시작한 것이죠. 그런데 주목할 만한 것은 그 신흥 공업 국가에서 소비를 주도하고 있는 계층이 돈 많은 부자들이 아니라 저소득층 사람들이라는 겁니다.

이러한 의외의 결과는 미국에 본사를 둔 세계적인 경영 컨설팅 전문 회사인 보스턴 컨설팅 그룹BCG(Boston Consulting Group)에서 밝혀 낸 것입니다. BCG는 전 세계적으로 소비를 주도하는 저소득층 사람들을 넥스트 빌리언next billion이라 이름

짓고 그 숫자가 무려 10억 명에 달한다는 사실을 발표했습니다. 또한 비교적 젊은 세대인 이들은 중산층보다 소득은 적지만 앞으로 엄청난 수요를 창출하면서 세계 소비 시장의 주역이 될 것이라고 말했습니다.

여전히 발로 걷는 하층민

라틴어 pedis(=foot)+-ian(=person) ⇒ pedestrian(도보의)

지금에 와서야 넥스트 빌리언으로 그 잠재적 소비 능력을 인정받기는 했지만 여전히 두 발로 걸어 다니는 사람들은 가난하고 힘없는 보통 사람의 전형입니다. 그들은 생존을 위하여 부지런히 움직여야 했지만 마차나 자동차도 없이 터벅터벅 걸어 다니는 사람들, 즉 pedestrian이었습니다.

pedestrian은 라틴어 pedis(=foot, 발)와 -ian(=person, 사람)이 합쳐진 어휘입니다. '발에 의존하는 사람'이라는 뜻이 되겠지요. 관련된 어휘로 pedal(페달)이 있는데 pedal은 발을 의미하는 라틴어 pes로부터 두 가지 경로로 파생되었습니다. 하나는 발의 크기나 모양에 관한 형용사 pedalis에서, 또 다른 하나는 발 자체에 관한 형용사 pedale에서 나온 것입니다. 여기서 pedale는 동사(발판을 밟다)로 쓰이기도 했는데 이것은 프랑스어에 유입되었다가 17세기 영어에 들어와 '피아노의 발판'을 지칭하는 어휘가 되었습니다.

발과 연관된 어휘 가운데 무엇보다 pedigree(족보, 가계)가 흥미를 끕니다. pedigree는 어원적으로 '두루미의 발'을 뜻하는데 15세기 초에 영어에 유입되어 pedicru, pe-de-grew, 또는 peedegree 등의 형태로 사용되었습니다. 두루미의 발과 연관되는 이유는 족보를 그린 계통도가 새의 발 모양이기 때문이겠지요.

발을 의미하는 라틴어 pes는 원래 인도유럽어 pod 또는 ped에서 출발하여 그리스어 pous를 거쳐 파생된 것입니다. 그런데 인도유럽어에서 게르만어로 넘어

오면서 'p'음이 'f'음으로 바뀌어 영어 foot가 된 것입니다.

일편 발은 이동을 위한 수단이었을 뿐만 아니라 이동의 결과물인 거리를 재는 수단으로도 사용되었습니다. 자ruler가 발명되기 전에만 해도 발로 길이를 재었는데 그 증거가 바로 피트feet입니다. 즉, 1피트는 영어 사용자들의 발 크기인 약 30㎝입니다. 또 길이의 단위 가운데 마일mile이 있는데 이것은 원래 라틴어 mile passuum(=thousand paces, 천 걸음)에서 나온 것입니다. 1마일은 약 1.6㎞이니 한 걸음의 보폭은 대략 160㎝가 됩니다. 그런데 거인이 아니고서야 한 걸음이 그렇게 될 수 없겠지요. 왼발과 오른발이 각각 한 걸음씩 디딘 것을 단위로 잡은 것입니다.

발은 사람들이 땅을 딛고 움직이는 토대가 되는 신체 부위입니다. 발로 확실하게 땅을 디딜 때 비로소 사람들은 안정된 자세로 걸음을 옮길 수 있습니다. 인간은 동물이고 또 동물은 이동해야 하기 때문에 발의 중요성을 인정한 결과일까요? 발이라는 신체 부위가 사람 전체를 대표하기도 합니다. '연예계에 발을 들여놓았다'라든지 '투자에서 발을 뺐다' 등이 그 예입니다. 또한 발이 생활과 가장 밀접한 계량 단위로까지 쓰이고 있는 것을 보면 그 중요성은 더 말할 나위도 없습니다. 그럼에도 불구하고 얼굴이나 손 같은 다른 부위에 비하면 발은 우리에게 너무나 홀대를 받습니다. 글쎄요, 능력이나 가치에 관계없이 낮은 곳에 있으면 누구든지 또는 뭐든지 눌리는 것은 인간사의 공통된 법칙인가요?

mani, man, manu(=hand, 손) / **ped**(=foot, 발; to fetter, 족쇄를 채우다)

expedite[ékspədàit] 〈ex-(=out)+ped+-ite(=to make)〉 촉진하다, 진척하다
mandate[mændeit] 〈man-+date(=give)〉 명령(하다), 위임통치(하다)
manicure[mǽnəkjùə:] 〈mani-+cure(=care)〉 손톱 다듬기, 손톱 손질하다
manipulate[mənípjəlèit] 〈mani-+pulate(=fill)〉 조종하다, 능숙하게 다루다
pedestal[pédəstl] 〈ped+stal(=place)〉 다리, 기초, 받치다

▶같은 듯 같지 않은 단어들

• **address**[ədrés] 모여 있는 사람들에게 하는 공식적인 말, 연설

  The minister is to deliver a televised address to the nation.
  그 장관은 국민들에게 TV 연설을 하려고 한다.

• **presentation**[prèzəntéiʃən] 신제품이나 아이디어를 설명하는 발표회

  He gave an interesting presentation on the housing problem.
  그는 주택 문제에 관하여 흥미로운 발표를 하였다.

• **speech**[spi:tʃ] (만찬, 회의 등) 공식적인 행사에서 하는 말 또는 연설

  She began her speech by outlining her study.
  그녀는 자신의 연구를 개괄하는 것으로 연설을 시작했다.

• **talk**[tɔ:k] 격식을 차리지 않고 사람들과 나누는 비공식적인 말

  We were just talking about Mary's new house.
  우리는 메리의 새 집에 관하여 이야기하기 시작했다.

God gives the shoulder according to the burden.
신은 짐에 맞는 어깨를 주게 마련이다.

CHAPTER 1 _ in vivo, 삶 속에서
087

14 scandal
가까이하기엔 위험한 당신

scandal[skǽndl]
① 추문, 부정 사건
② 불명예, 수치
③ 물의, 놀람
④ 악평, 비방, 험담

사랑의 화신, 아프로디테

아프로디테는 그리스 신화에 나오는 미와 사랑의 여신입니다. 로마 신화에서는 비너스라고 불리죠. 아프로디테는 '물거품에서 나온 자'라는 뜻인데 그것은 크로노스가 그녀의 아버지 우라노스의 성기를 잘라 바다에 던졌을 때 피와 정액과 바닷물의 혼합으로 아프로디테가 생겨났기 때문입니다. 아프로디테가 물결에 밀려 키프로스 섬에 올라왔을 때 계절의 여신들이 그녀를 올림포스의 신들에게 데려갔습니다. 그녀는 제우스의 양녀가 되었고, 사랑의 신 에로스와 성욕의 정령 히메로스를 거느리면서 미와 사랑의 여신이 되었습니다.

이후 제우스는 번개를 만들어 티탄족을 물리치는데 공을 세운 헤파이스토스에게 그 보답으로 아프로디테를 보내 부부의 인연을 맺어 줍니다. 헤파이스토스는 그녀에게 다가오는 자들을 무조건 사랑에 빠지게 하는 마법의 허리띠를 만들어 아프로디테에게 선물로 주었죠. 이것이 화근이 되었나요. 모든 남신들은 아프로디테의 미모에 현혹당하게 되고 그 때문에 모든 여신들은 아프로디테에게 질투심을 갖게 됩니다.

결혼 후 아프로디테는 포보스(불안)와 데이모스(공포), 하르모니아(조화)를 낳았습니다. 그런데 자식들의 아버지는 남편인 헤파이스토스가 아니라 전쟁의 신 아레스(로마 신화의 마르스)였지요. 남편 헤파이스토스가 대장간에만 온 정신을 쏟자 실망한 아프로디테는 아레스와 부적절한 관계를 가졌던 겁니다. 계속해서 밀회를 즐기던 어느 날 그들은 태양의 신 헬리오스에게 그만 들키고 맙니다. 둘의 관계를 알게 된 헤파이스토스는 그들의 밀회 현장을 덮쳤고, 자신이 만든 청동 그물을 던져 알몸 상태의 아프로디테와 아레스를 붙잡아 올림포스의 여러 신들 앞에서 망신을 줍니다.

하지만 그것은 오히려 엉뚱한 결과를 낳습니다. 아프로디테의 알몸을 보게 된 올림포스의 남신들에게 정염의 불길을 댕겨 주었기 때문입니다. 결국은 헤르메스, 포세이돈, 디오니소스 등의 신들도 아프로디테와 사랑을 나누었지요.

타인을 향한 잘못된 잣대, 기본적 귀인 오류

비록 신화 속 이야기이긴 하지만 오늘날에도 있을 법한 일입니다. 여기서 남녀 간의 사랑, 특히나 아프로디테의 애정 행각에 대해서는 사람마다 생각이 다를 겁니다. 아프로디테의 외도에 대하여 어떤 사람들은 '남편이 버젓이 있는데 외도를 하다니 요부가 틀림없어'라고 생각하는가 하면 또 어떤 사람들은 '남편인 헤파이스토스가 무관심하니 그녀가 다른 곳에 관심을 두는 것은 당연하지'라고 생각할 겁니다.

이와 같이 어떤 사건에 대하여 그 원인을 규명해 보는 것을 귀인attribution이라고 하는데요. 귀인은 두 가지로 나누어집니다. 먼저, 사건의 원인을 성격 · 태도 · 기분 등의 내부 요인에서 찾는 것을 내적 귀인internal attribution이라고 하며, 금전 · 운 · 주변 인물 등 환경적 요인을 포함하여 그 원인을 외부에서 찾는 것을 외적 귀인external attribution이라고 합니다.

일반적으로 사람들은 자신의 일이 잘못되었을 때 그 탓을 외부로 돌리는 외적 귀인의 경향이 강한 반면에, 일이 잘되었을 때는 나 자신이 잘한 것으로 돌리는 내적 귀인의 경향이 있습니다. 다시 말해, 일이 성공적이라면 그것은 내가 잘해서 내가 능력이 뛰어나서 그렇게 된 것이고, 반대로 일이 실패로 끝나면 남을 탓하거나 운이 없었기 때문이라고 말합니다. 하지만 타인의 경우에는 귀인을 반대로 적용합니다. 타인의 일이 성공적이라는 소식을 접하면 겉으로는 축하해 주면서도 내심으로는 그가 운이 좋다고 생각을 합니다. 반면에 타인이 어떤 일에 실패했다는 말을 들으면 겉으로는 위로의 말을 건네지만 속으로는 그가 실력이 없어서 실패한 것이라고 생각합니다.

이처럼 타인의 실패에 관한 소식을 접할 때 사람들이 외부적인 요인을 찾아내 실패한 사람을 배려하고 옹호해 주기보다는 그의 성격이나 태도 등의 내적 요인을 들춰내어 그를 폄하하려는 경향을 '기본적 귀인 오류fundamental attribution error'라고 합니다. 이 기본적 귀인 오류에 관한 흥미로운 결과를 보여주는 실험이 있습니다.

실험 참가자들을 두 그룹으로 나누어 뮤지컬을 관람하게 했습니다. 관람 전에 첫 번째 그룹의 사람들에게는 공연 작품을 뮤지컬 단원들이 직접 고른 것이라고 알려 주었습니다. 반면에 두 번째 그룹의 사람들에게는 공연 작품을 뮤지컬 단원들이 고른 것이 아니라 외부의 강요에 의해서 어쩔 수 없이 선택한 작품이라고 말해 주었습니다. 공연 관람 후, 두 그룹의 사람들에게 조금 전 관람한 뮤지컬을 단원들이 직접 골랐다고 생각하는지를 물었습니다. 그랬더니 첫 번째 그룹의 사람들은 뮤지컬 단원들이 선택한 것 같다는 응답을 한 반면, 두 번째 그룹의 사람들은 외부의 강요에 의한 작품이라고 들었음에도 불구하고 뮤지컬 단원들을 깎아 내리기 위해 단원들이 직접 고른 것 같다고 답한 사람들이 많았습니다.

거꾸로 매달리는 덫, 스캔들

그리스어 skdalon(덫) ⇒ 후기 라틴어 skácandalum ⇒ 고대 프랑스어 escandele
⇒ 중세 프랑스어 scandle ⇒ scandal(추문)

이 같은 타인을 깎아내리려는 기본적 귀인 오류를 범하는 까닭은 마음속에 내
재된 선입견 때문입니다. 사람들은 대체로 타인에 대한 선입견에 막연히 의존
하려고만 할 뿐이지 타인의 실패에 대하여 정확히 알아보려고 하지는 않습니다.
설사 정확한 정황을 알게 되더라도 타인에 대해서는 내적 귀인으로 돌린다는 겁
니다. 그래서 그런가요. 남녀 간의 같은 사랑이라도 자신이 한 것은 로맨스이고
남들이 한 것은 스캔들이라고 하지 않습니까?

스캔들하면 정상적인 커플이 아닌 남녀가 은밀하게 나눈 사랑을 떠올립니다.
인간은 원래 금지된 것에 대해 오히려 강렬한 욕망을 느낍니다. 그래서 이 금지
된 사랑은 위험천만한 일임에도 불구하고 끈질기게 이어집니다. 게다가 몰래 한
사랑이기에 더 자극적일 수 있습니다.

그래서 스캔들 하면 in flagrante delicto(현장에서)라는 말을 떠올리는지도 모
릅니다. flagrante(현행범의)는 17세기에 '애인'의 의미를 갖고 있었던 flame(불꽃)
을 상기시킵니다. 목하 열애 중일 때는 가슴에서 불길이 활활 타오르지 않습
니까. 아무튼 flame은 라틴어 flagare(=burn, 불타다)에서 시작하여 고대 프랑스어
flamboyer(=flame, 불꽃)를 거쳐 영어에 유입된 것입니다.

말이 나왔으니 말인데요. 불타는 사랑, 에로티시즘이란 말은 그리스 신화에
나오는 사랑의 신 에로스eros에서 나온 것입니다. 이것의 형용사인 erōtikós는 프
랑스어 érotique를 거쳐 17세기 중엽에 영어에 들어왔습니다. 카오스에서 생겨
난 에로스는 우라노스와 가이아를 짝지어 준 이후 신과 인간 세계에서 사랑의
커플을 맺어주는 일을 하였습니다. 로마인들은 에로스에 욕망을 의미하는 큐피
드cupid라는 이름을 붙여 주었지요. 장난기 가득한 그의 큐피드 화살을 맞으면 무

조건 처음 본 이성을 사랑하게 되는데 그 목격된 사랑의 대상은 얄궂게도 무조
건 그를 피해 도망 다니게 됩니다.

scandal은 '장애물' 또는 '덫'을 의미하는 그리스어 skdalon에서 시작되었습니
다. skdalon에서 후기 라틴어 skácandalum이 파생되었고 이것이 고대 프랑스어
escandele 또는 escandle를 거쳐 중세 프랑스어 scandle로 쓰이기 시작했습니다.
scandle은 주로 종교 교리에 어긋나는 행위를 하여 '교회의 명예를 훼손시킨 것'
을 의미하는 말이었습니다. 그러다가 16세기 후반에 영어에 유입되었죠.

한편 '중상' 또는 '명예훼손'을 뜻하는 slander 또한 scandal과 동일한 어원
에서 나온 것입니다. 즉, 라틴어 scandalum(=stumbling block, 장애물)에서 비롯
된 것으로, 이 scandalum이 고대 프랑스어에 유입되어 escandle로 사용되다
가 esclandre(=scandalous report, 비방하는 글)가 파생되었습니다. 이후 1280년경
sclaundre(=disgrace, 불명예)로 영어에 유입되었고, 1340년 철자 c가 없어진 slaunder
가 사용되기 시작하였지요.

scandal의 기원이 되는 그리스어의 의미는 거꾸로 '매달아 올리는 덫'이었습
니다. 그것은 파멸을 예고하는 덫이지만 금기시된 것이어서 오히려 우리에게 더
큰 욕망을 부추깁니다. 하여 나약한 우리는 그것에서 벗어나지 못하고 허우적대
다가 패가망신을 당합니다. 마치 발가벗은 채로 청동 그물에 얽혀서 웃음거리가
된 아프로디테와 아레스처럼 말입니다. 그러니 어쩌지요. 일단 걸려들면 벗어나
기 힘든 덫이니, 글쎄요 마주치지 않기만을 기도해야 하나요?

plic, plicit, plex, ply(=to fold or weave, 접다, 짜다) / ant(i) (=opposite, 반대의) / flam(e)(=to burn, 태우다)

antagonize[æntǽɡənàiz] 〈ant-+agonize(=to struggle)〉 적대하다, 반감을 사다
antipathy[æntípəθi] 〈anti-+path(=feeling)+-y(n. suffix)〉 반감, 혐오
antibody[ǽntibὰd] 〈anti-+body〉 항체
explicit[iksplísit] 〈ex-(=out)+plicit〉 명시된, 분명한
inflame[infléim] 〈in-(=in)+flame〉 태우다, 자극하다
implicate[ímpləkèit] 〈im-(=in)+plic+-ate(=to make)〉 연루시키다, 얽히다

▶같은 듯 같지 않은 단어들

- crew[kruː] 배나 항공기 등에서 함께 일하는 그룹, 승무원

  The aircraft carries a crew of nine.
  그 항공기에는 아홉 명의 승무원이 탑승하고 있다.

- gang[ɡæŋ] 말썽이나 싸움질을 벌이는 패거리

  He denied that his son was a gang member.
  그는 자기 아들이 갱단의 멤버였다는 것을 부인했다.

- mob[mɑb] 소란스럽고 격해 있는 사람들의 무리, 폭도

  They were immediately surrounded by the mob.
  그들은 곧바로 폭도들에 의해 둘러싸였다.

- party[pɑ́ːrti] 여행이나 일을 함께하는 사람들의 그룹, 편, 무리

  There were several female college students in our party.
  우리 그룹에는 몇몇의 여대생이 있었다.

15 skeptic
하늘을 보아야 별을 따지

skeptic[sképtik]
① 회의론자, 무신론자
② 무신론자
③ (철학의) 회의파 사람
④ 회의론자의

미래를 예측하려는 별점치기

인간이 동물과 다른 점 중 하나는 미래를 생각한다는 것입니다. 동물에게는 그저 지금 경험하는 현재와 현재를 비교하는 과거의 세계가 있을 뿐입니다. 그에 반해 인간은 미래에 대한 생각을 합니다. 그래서 미래에 벌어질 일들을 예측하고 알아내려고 합니다.

이것은 일찍이 신석기시대에 인류가 농사를 짓기 시작하면서 생겨났을 것이라고 학자들은 추측합니다. 그때그때 우연이나 행운에 의존하여 먹을 것을 구했던 수렵 채취 생활을 접고 미래의 수확을 기대하며 씨앗을 파종하였던 것이지요. 씨앗을 뿌리면서 가을에 곡식을 거둬들이는 모습과 그것을 저장에 두었다가 먹을 것이 귀한 겨울에 꺼내어 먹는 모습을 생각했던 것입니다.

이와 같이 미래에 대한 의식이 싹트자 그것은 곧 언어에 반영되었습니다. 그래서 인간의 언어에는 현재 존재하는 일을 이야기하고 과거에 있었던 사건을 기술할 수 있을 뿐만 아니라 미래에 벌어질 일들까지도 묘사할 수 있는 특성이 존재합니다.

이에 이르자 인간은 점점 미래에 대하여 더 많이 그리고 보다 정확히 알아내려는 노력을 하게 됩니다. 종교 역시 미래에 대한 두려움 때문에 그것을 알아내어 해소하려는 욕구와 연관된 것이지요. 하지만 과학기술의 발달로 인하여 인간은 신에게 절대적으로 의지하던 것에서 벗어나 자신들이 직접 미래에 관하여 알아내기 시작합니다. 그러한 노력의 일환으로 밤하늘에 떠 있는 별의 움직임을 관찰하게 되었고 그것으로부터 미래를 점치기 시작하였는데, 이것이 바로 점성술입니다.

기록에 따르면 기원전 6천 년 전부터 메소포타미아 사람들은 별을 관측하여 사람들의 길흉사에 응용하려고 했습니다. 이러한 별점은 그 이후 고대 이집트와 그리스를 거치면서 더욱 발달하였고 체계화되었습니다. 바빌로니아 지방과 고대 중국에서도 점성술이 발달하였는데요. 특히 바빌로니아 남부 지방에 거주하는 칼데아인Chaldea들이 점성술에 조예가 깊어 고대 로마에서는 별점 치는 사람들을 칼데아인으로 불렀습니다.

별의 움직임을 관찰하여 개인과 국가의 길흉을 점쳤던 점성술은 미래에 대한 불안감을 해소할 수 있다는 기대심리로 주목받은 만큼 그 폐해도 만만치 않았습니다. 점성술사들은 마치 주술사처럼 행동하였고 자신의 권력과 이익을 위하여 어처구니없는 일도 서슴지 않았습니다. 그런 사례 가운데 하나가 바로 마야 사회의 점성술입니다.

미래를 정해놓은 마야 사회의 점성술

마야 사회에서는 아이가 태어나면 생일에 기초한 특별한 달력을 만들어 주었습니다. 그 달력에는 점성술사가 예측한 그 아이의 미래가 적혀 있습니다. 언제 결혼을 하게 될 것이고 언제 일거리를 맡게 될 것이며 또 어떠어떠한 사고를 당하게 될 것이고 언제 사망하게 된다는 것 등 아이가 커 가면서 겪게 될 일들이 달력에 기록됩니다.

그런데 신기하게도 그 미래는 정확히 들어맞습니다. 그 이유는 점성술사가 달력에 기록된 일들이 실제로 일어나도록 조정해 놓았기 때문입니다. 예를 들어, A라는 남자가 어느 시기에 B라는 여자와 만나 결혼하게 된다고 되어 있다면 그 특징에 맞는 B 여자의 달력에도 A 남자를 만나 결혼하게 된다고 적어 놓았기 때문입니다. 마찬가지로 C라는 사람이 어느 시기에 어떤 일거리를 맡기로 되어 있다면 그 일거리를 맡겨야 하는 사람의 달력에 C라는 사람에게 일거리를 맡기게 된다고 적어 놓았던 것입니다.

마야 사회는 꽤 오랜 기간 동안 유지되었고 그와 더불어 점성술 또한 발전을 거듭하였습니다. 점성술은 마야인들에게 안정된 삶을 제공해 주었고 그들의 삶에 예상치 못한 일이란 없었습니다. 그러므로 내일이 두렵지 않았습니다. 하지만 자기 주도적인 삶이 아니라 남이 정해준 삶을 기계적으로 살아가고 있었기에 자발적인 노력에 의한 발전은 전혀 기대할 수 없었습니다.

마야인들은 점성술로 세계의 종말까지 예언해 놓았습니다. 따라서 마야인들은 자신들의 마지막도 점성술사가 정해놓은 날에 맞춰야 했고 그 전날이 되자 그들은 마을에 불을 지르고 가족을 제 손으로 죽인 뒤 스스로 목숨을 끊어야 했습니다. 16세기 스페인 사람들이 마야인들의 주거지에 도착했을 때 이미 마야인들의 문명은 대부분 파괴되어 있었다고 합니다.

자기주도적인 삶이 곧 행복

점성술사가 정해준 대로 살아간 마야인들은 과연 행복했을까요? 대체로 자신의 삶이 얼마나 만족스러운가는 자신의 의지를 어느 정도 이행하면서 또 어느 정도의 성취감을 맛보느냐에 달려있습니다. 즉, 통제 확신의 정도에 따라 달라지는 것이지요. 그런데 대부분의 사람들은 나약한 마음 때문에 책임지는 것이 두려워 남에게 그 책임을 전가합니다. 자신의 삶을 자신이 결정하는 것이 아니라 남의 손에 맡기는 것이지요. 그렇게 되면 시간이 지나면서 자신은 조종당하고 있는 로봇에 불과하다는 생각에 무력감에 빠지게 되면서 결코 행복감을 맛볼 수 없습니다.

이것은 실제로 실버 요양원에서 실시된 실험에서 밝혀졌습니다. 실버 요양원의 노인들은 대체로 모든 일에 대하여 아무런 결정권이 없다는 무력감을 갖고 있습니다. 이러한 노인들을 두 그룹으로 나누어 실험을 진행하였습니다. 한 그룹의 노인들에게는 화분을 나누어 주면서 전적으로 혼자 돌보며 키워야 한다고 말했고, 또 다른 그룹의 노인들에게는 화분을 나누어 주면서 화분의 관리는 직원들이 알아서 할 것이니 화분에 대하여 신경 쓰지 말라고 말했습니다.

일정 시간이 지난 뒤에 노인들에게 삶이 얼마나 만족스러운가를 물었습니다. 결과는 너무나 달랐습니다. 화분을 돌보고 키워야 할 결정권을 가진 그룹의 노인들이 그렇지 않은 그룹의 노인들보다 삶에 대한 만족도가 훨씬 높았습니다. 그것은 그 후, 사망률에도 영향을 끼쳐서 사소한 것이라도 결정권을 갖고 살았던 노인 그룹의 사망률이 15%인데 반하여 아무런 결정권 없이 무기력하게 살았던 노인 그룹의 사망률은 무려 30%에 달했습니다.

이러한 실험 결과는 자신의 삶에 대한 결정은 자신이 해야 한다는 것을 시사합니다. 그런데 자신의 삶을 자신이 통제하기 위해서는 우선 미국의 심리학자 앨버트 밴듀라Albert Bandura가 제시한 자기 효능self-efficacy부터 갖출 필요가 있습니다. 내 인생의 주인은 나 자신이라는 사실, 그리고 내 힘으로 내 인생을 바꿔 나갈 수 있다는 기대와 확신이 있어야 할 겁니다.

불안과 의심을 없애는 꿰뚫어 보기

그리스어 skopos(관측) ⇒ 라틴어 scepticus
⇒ 중세 프랑스어 sceptique ⇒ skeptic(회의론자)

그런데 과학이 발달하기 이전에는 미래에 대한 기대와 자기 확신이 부족했기 때문에 자신의 불안한 미래를 점치는 점성술이 성행할 수밖에 없었습니다. 점성술을 뜻하는 어휘 horoscope는 중세 프랑스어에서 왔는데 더 거슬러 올라가면 라틴어 horoscopus에서 유래되었습니다. 그것은 원래 hora(=hour, 시간)+skopos(=watching, 관측)가 합쳐진 그리스어 horoskopos에서 시작된 어휘입니다. horoskopos는 글자 그대로 '시간을 본다'는 것인데 다시 말하면 아기가 태어난 그 시간의 천체 모습과 위치를 확인하는 것입니다.

그런데 horoskopos의 skopos로부터 또 다른 그리스어 skēptesthai가 나왔는데 그 뜻은 '바라보고 깊이 생각하는 것'이며 skeptikós 역시 고대 그리스 철학자들이 내세웠던 '사색과 탐구의 정신'을 의미합니다. 아무튼 이것은 라틴어 scepticus로 파생되었고 이어서 중세 프랑스어 sceptique가 되었다가 16세기 후반에 영어로 유입되어 skeptic이 되었습니다.

고대 그리스 철학자 퓌론Pyrrhon과 그의 제자들은 모든 지식을 의심하는 자신들을 가리켜 skepticī라고 하였는데요. 사람들은 그들을 '회의론자'라고 불렀습니다. 영어 어휘 skeptic이 회의론자라는 의미로 쓰이기 시작한 것은 17세기 초반이었고 라틴어식 철자 sc-가 sk- 형태로 바뀐 것은 18세기 이후부터입니다.

점성술사들은 별을 관측하였지만 회의론자들은 통찰력으로 사물을 관찰했습니다. 관찰과 사색을 통하여 미지의 세계를 알아내려는 욕망. 어쨌든 그 시작은 보는 것이었습니다. '하늘을 봐야 별을 따지'가 바로 그 말 아닌가요?

scope(=to see, 보다) / spec(t), spic(=to look, 보다)

despise[dispáiz] 〈de-(=down)+spis〉 경멸하다, 멸시하다
inspect[inspékt] 〈in-(=in)+-spect〉 조사하다, 시찰하다
microscope[máikrəskòup] 〈micro-(=small)+scope〉 현미경
stethoscope[stéθəskòup] 〈stetho(=chest)+scope〉 청진기
telescope[téləskòup] 〈tele(=far)+scope〉 망원경

▶같은 듯 같지 않은 단어들

• bonfire[bánfàiə:r] 축제용 큰 화롯불, 모닥불

They sat around the bonfire and sang songs.
그들은 모닥불 주위에 둘러앉아서 노래를 불렀다.

• blaze[bleiz] 확 타오르는 불길, 활활 타오르다

Fifty firefighters were called to a blaze at a marketplace yesterday.
어제 시장에서 난 화재에 50명의 소방대원들이 동원되었다.

• fire[faiər] 불, 화재

Thirty people died in a fire in downtown Chicago.
시카고 도심에서 난 화재로 30명이 죽었다.

• flame[fleim] 불길, 불꽃, 화염

Flames quickly engulfed all over the village.
불길은 빠르게 마을 전체를 삼켜 버렸다.

in situ

세상 속에서

16 bankrupt

넘쳐도 탈 모자라도 탈

bankrupt[bǽŋkrʌpt]
① 파산자, 지급불능자
② 파산한, ~을 잃은
③ 파산시키다

벤치와 벤치마킹의 관계는?

벤치란 말을 들으면 어떤 생각이 떠오르세요? 다정한 연인들이 나란히 앉아 사랑을 속삭이는 공원의 벤치가 생각나나요? 당신이 기업과 관계하고 있다면 벤치마킹benchmarking을 떠올릴지도 모르겠습니다. 그런데 벤치마킹이란 어휘는 원래 경영분야와는 전혀 상관없는 말이었습니다. 암석이나 높은 벽에다 강물의 높낮이를 표시하여 높이의 기준점을 잡기 위한 것이 벤치마킹이었죠. 그러던 것이 그 의미가 확장되어 뛰어난 상대를 표본으로 삼아 그들의 노하우나 장점을 배워 자기혁신을 꾀하려는 경영기법을 가리키는 말이 되었습니다.

경영분야에서 벤치마킹이란 말이 처음 사용되기 시작한 것은 1982년 미국에서였습니다. 미국의 제록스가 일본의 캐논에 뒤처지게 되자 그전까지 무시하던 일본 기업의 부품 생산, 디자인, 주문 처리 등에 주목하기 시작한 것입니다. 제록스는 자사의 직원을 일본으로 직접 보내 경영 기법을 조사 · 분석케하고 활용함으로써 보다 높은 경쟁력을 갖게 되었습니다. 이후 1989년 로버트 캠프Robert

Camp가 그의 저서『벤치마킹』에서 동종이 아닌 다른 분야의 업계에서도 벤치마킹을 응용할 수 있다는 것을 보여준 이래로 벤치마킹의 범위는 더욱 확대되었습니다. 예컨대 고객에 대한 서비스를 개선할 필요가 있는 회사는 업종이 다른 항공사나 특급호텔을 대상으로 삼아 벤치마킹을 할 수 있다는 것이지요.

벤치는 이동식 옛날 은행

고대 이탈리아어 banca(의자/환전작업대) ⇒ bank
bank+rupta(=broken) ⇒ bankrupt(파산자)

의외의 것으로 보일지 모르지만 사실 벤치라는 말이 경제 활동에 등장하는 것은 당연한 이치입니다. 왜냐하면 '벤치'를 뜻하는 15세기 고대 이탈리아어가 banca였는데 그것은 오늘날의 bank, 즉 '은행'을 뜻하는 말이었으니까요. 그 당시 은행원의 원조 격인 개인 대부업자들이 야외의 벤치에 앉아서 영업을 했던 것에 기인합니다.

시대를 더 거슬러 올라가면 고대 그리스와 로마에도 환전상들이 있었습니다. 그들이 앉아서 영업을 하던 banca(=bench)가 프랑스어 banque를 거쳐 영어의 bank까지 온 것이죠. 중세에서 근대 초에 이르기까지 베니스, 플로렌스, 제노바 등 이탈리아의 주요 도시들은 무역으로 최고의 전성기를 구가하였는데, 그 교역에 직접 뛰어들었던 상인들은 엄청난 부를 축적하였습니다. 그 유명한 셰익스피어의 작품『베니스의 상인』이 있지 않습니까.

하여튼 상인들은 엄청난 부를 등에 업고 세속 사회는 물론 교회에까지 영향력을 행사하게 되었습니다. 그것을 보여주는 예를 들어 볼까요? '상인'을 뜻하는 merchant는 원래 '자비'나 '은총'을 의미하는 mercy에서 유래되었는데 이것은 라틴어 merces(보수, 임금)에서 온 말입니다. 보수나 임금을 받는 사람에서 의미 격상이 이루어져 '신의 은총을 받은 사람'이 된 것이지요. 상인들의 영향력이 워낙 커지다 보니 교회도 이를 인정하고 타협을 할 수밖에 없었던 겁니다. 청빈과 근검 절약을 강조하던 종교 개혁가 칼뱅Jean Calvin(1509-1564)조차도 자신의 저서 『기독교 강의』에서 상인들이 얻는 이윤을 신의 은총이라고 말했습니다.

그런데 이윤을 추구하는 상인들의 욕심은 여기서 끝나지 않았습니다. 그들은 유럽의 주요 도시에 거점을 마련하고 각국의 귀족들을 상대로 고리대금업을 하기에 이르렀습니다. 앞에서 언급한 대로 이런 전통은 고대 그리스와 로마, 아니더 거슬러 올라가면 고대 이집트와 바빌로니아 시대부터 있었던 것이라고 합니다. 기록에 의하면 사원의 마당이나 교회 앞 광장에는 늘 환전상들의 의자bench가 있었다고 하니까요.

어쨌든 bank는 게르만의 한 부족인 롬바르드Lombard족이 이탈리아 북부 지방에 정착했을 때 사용한 것으로 알려져 있습니다. 그들은 작업대를 놓고 환전과 고리대금업을 시작했는데 bank는 그들의 '작업대'를 가리키는 말이었습니다. 그러다 이것이 점점 확대되어 '대금업자의 점포'를 가리키게 되었고 나아가 오늘날의 bank(은행)가 된 것이죠. 이런 역사와 전통의 흔적은 오늘날까지 남아 있는데요. 다름 아닌 런던 시내에 소재한 금융 중심가의 이름이 바로 롬바르드 가 Lombard Street입니다.

한편 이탈리아에서 유입된 프랑스어 banque(=bench)는 작은 것을 뜻하는 -ette 가 붙어서 banquet가 되었는데 처음에는 '작은 의자'라는 의미로 쓰이다가, '거기서 앉아 먹는 음식'을 뜻하게 되었습니다. 그러다가 후에 '연회' 또는 '잔치'라는 의미를 갖게 되었지요. 즉, 원래는 작은 의자에 앉아 소박한 음식을 먹는 것이 연회였던 것입니다. 그러나 오늘날 연회banquet라는 것이 그렇습니까? 그렇지는 않습니다. 화려한 호텔에서의 연회장은 소박함이 아니라 사치가 더 어울립니다. 그리고 이러한 연회가 잦다 보면 어떻게 됩니까? 그렇습니다. 파산하게 됩니다. bankrupt가 바로 그것이죠.

bankrupt의 -rupt는 라틴어 rupta(=broken)에서 왔습니다. 글자 그대로 '부서진 벤치'입니다. 환전상이나 고리대금업자가 잘못을 저질렀을 때 그것에 불만을 품은 고객들이 영업을 하던 벤치나 작업대를 엎어 버리거나 부수었겠지요. 그렇게 되면 벤치나 작업대를 쓸 수 없어 결국 그 bank는 영업을 못하게 됩니다. 이것은 오늘날에도 마찬가지 아닌가요? 얼마 전 몇몇 저축은행들이 파산했던 것을 기억할 겁니다. 화가 난 고객들이 사무용 집기들을 엎고 부수는 장면들이 전파를 탔죠. 맡긴 돈을 인출하려고 하는데 그것이 안 되니 분풀이를 하는 것입니다.

과유불급은 충동조절로부터

개인이나 은행이 그 이면에 놓인 위험은 간과한 채 지나치게 이익만 추구하다 보니 이런 불행한 사태가 벌어지게 되는 것입니다. 이런 지나침에 대하여 공자孔子는 『논어』 선진 편에서 과유불급이란 말로 경계하고 있습니다. 지나침은 모자람과 마찬가지로 나쁘다는 의미인데요. 공자는 자신의 제자인 자장子張는 좀 지나쳐서 문제이고, 반면에 자하子夏는 좀 모자라서 문제라고 하면서 지나친 것은 결국 미치지 못하는 것과 같다고 하였습니다. 그러나 지나치지도 않고 그렇다고 모자라지도 않게 맞추기가 어디 쉽습니까? 오늘날 후기 자본주의는 우리의 욕망을 충동질하여 지나침을 유발시킵니다.

대형 마트나 24시간 편의점을 보세요. 그 많은 상품들이 아무렇게 진열되어 있는 것이 아니라는 것쯤은 아실 겁니다. 기업들은 소비자들의 충동구매 또는 연관판매를 유도하기 위하여 치밀한 계획하에 상품을 진열합니다. 오랫동안 소비자의 소비행태를 분석한 결과를 토대로 상품 배열의 지침을 얻게 되었는데 바로 플래노그램planogram입니다. 예를 들면 이런 겁니다. 어느 편의점이든지 사람들이 많이 찾는 우유나 음료, 맥주 등은 매장 제일 깊숙한 곳에 비치합니다. 그것을 사러 들어가는 동선을 최대한 길게 하여 오고 가는 길에 다른 상품을 보고 집을 수 있는 기회를 제공하려는 것이지요.

이런 일들은 이제 웹에서도 마찬가지입니다. 웹 쇼핑몰에 옷을 사러 들어갔다가 구두까지 사게 되는 경우처럼 웹 쇼핑몰에서도 연관판매를 유도하고 있습니다. 이런 판매의 지침이 되는 것을 웨보그램webogram이라 합니다. 이 모든 것은 인터넷 사용자들의 행태를 연구해서 얻는 결과물로, 포털사이트 이용자들의 시선이 어떻게 움직이는지를 분석하여 그에 따라 웹사이트의 레이아웃을 바꾸고 시선이 많이 가는 곳에 중요한 것을 배치해 두기도 하는 것입니다.

그렇다면 우리는 현명한 소비자가 되기 위해 어떻게 해야 할까요? 쉽게 해 볼 수 있는 방법 중 하나는 구매를 일단 유보하고 참아보는 겁니다. 바라는 것을 일단 유예하고 충동을 참는 능력. 별것 아닌 것 같지만 이는 의외의 결과를 가져옵니다. 1960년대 유명한 심리학자 월터 미셸Walter Mischel이 아이들을 상대로 한 실험의 결과가 그것을 보여주고 있습니다.

그는 아이들에게 마시멜로 한 박스를 보여주며 이렇게 말했습니다. "지금 당장 마시멜로 하나를 받을래, 아니면 몇 분 기다렸다가 두 개를 받을래?" 마치 고사성어 조삼모사朝三暮四를 연상케 하는 질문이죠. 이 말에 몇몇 아이들은 당장 하나를 달라고 했으며 나머지 아이들은 당장의 유혹을 참아 내며 나중에 두 개를 받았습니다.

월터 미셸은 14년 후에 당시 실험에 참가했던 아이들을 수소문하여 다시 만나 보았습니다. 그때 그 아이들이 어떻게 성장했는지를 알아보려는 것이었지요. 면담 결과 당시 실험에서 참았다가 두 개의 마시멜로를 받았던 아이들은 뛰어난 학업 성적으로 좋은 대학에 진학하였고 졸업 후 사회에 잘 적응하여 살아가는 반면에, 실험 당시 바로 마시멜로를 받았던 아이들은 그다지 성공적인 삶을 살고 있지 못한 것으로 나타났습니다.

말하자면 당장의 욕구를 참을 줄 아는 것, 즉 충동 조절impulse control을 할 줄 알아야 지나침이 낳게 되는 파국을 막을 수 있고 더 나아가 성공적인 삶을 영위할 수 있다는 것을 보여 주는 것이었습니다.

rupt(=to break, 부서지다) / frang, fring, frag, fract(=to break, 부서지다)

abrupt[ǽmətʃù] 〈ab-(=away)+rupt〉 갑작스러운, 뜻밖의
corrupt[kərʌ́pt] 〈co-(=together)+rupt〉 타락한, 뒤틀린, 부패한
disrupt[disrʌ́pt] 〈dis-(=apart)+rupt〉 부수다, 분열시키다, 중단시키다, 분열된
erupt[irʌ́pt] 〈e-(=out)+rupt〉 분출하다, 내뿜다
fragile[frǽdʒəl] 〈frag+-ile(=suited for〉 부서지기 쉬운, 깨어지기 쉬운, 연약한
infringe[infrínʤ] 〈in-(=in)+fring〉 어기다, 범하다, 위반하다

▶같은 듯 같지 않은 단어들

• company[kʌ́mpəni] 주식이 상장되어 있는 회사(주식회사)

Company profits were 10% lower than last month.
회사 이익이 지난달보다 10% 감소했다.

• concern[kənsə́:rn] 상업 활동을 하는 모든 회사

The grocery store is a family concern.
그 식료품점은 가족 회사이다.

• firm[fə:rm] 다양한 규모의 회사

My brother works for an electronics firm.
내 동생은 전자 회사에서 일하고 있다.

• private enterprise[práivit éntərpràiz] 개인 기업, 사기업

He is now managing an private enterprise with a revenue of $30 billion.
그는 총 매출 3백억 달러의 개인 기업을 경영하고 있다.

17 chaos
자연은 자연히 그러한 것

> chaos[kéias]
> ① 혼돈
> ② 무질서, 대혼란
> ③ (그리스 신화의) 카오스
> ④ (물리학의) 카오스

변화를 일으키는 작은 날갯짓

한때 매스컴에서 자주 언급되던 말이 있습니다. '오늘 베이징에서 날갯짓하는 나비가 다음 달 뉴욕에 폭풍우를 몰고 올 수도 있다'라는 것인데요. 이른바 나비 효과butterfly effect를 이르는 말입니다.

이것은 1961년 미국의 기상학자 로렌츠Edward Norton Lorenz(1917-2008)가 처음 언급한 것입니다. 변화무쌍한 기상 변화를 연구하던 그는 기상 관측 도중에 문득 재미있는 생각을 하게 되었습니다. 예기치 못한 작은 요인으로 인해 발생하는 엄청난 결과를 빗대어 기상예측의 어려움을 언급하기 위하여 베이징의 나비 날갯짓과 뉴욕의 폭풍우를 연관 지었던 것입니다. 처음에는 나비가 아니라 갈매기였는데 시적 효과를 위해 나비로 바꾸었다고 합니다. 아무튼 사소한 변화가 엄청난 결과를 몰고 올 수도 있다는 그의 발상은 현대 물리학의 카오스 이론chaos theory과 맥을 같이 합니다.

원래 카오스는 캄캄하고 공허한 우주 상태를 이르는 말이었습니다. 세상이 창조되기 전, 말하자면 '하늘과 땅이 생겨나기 전에는 무엇이 어떤 상태로 있었을까?' 이러한 의문에 대한 답으로서 그리스인들이 생각해 낸 것이 바로 카오스였습니다.

그들의 생각을 적어 놓은 그리스 신화에 따르면 우주에 존재했던 커다란 구멍 같은 빈 공간의 상태를 카오스라 하였는데, 그야말로 아무것도 구분되지 않는 끝도 바닥도 없는 캄캄한 혼돈의 공간이었습니다. 이 구멍 난 공간은 거대한 괴물의 딱 벌린 입처럼 모든 것을 어둠 속에 삼켜 버린 듯, 아무것도 보이지 않고 어둠만이 끝없이 깔려있는 심연 같은 곳이었습니다.

이 카오스 상태의 우주는 형태를 갖추지 못한 채 한동안 지속되다가 마침내 질서와 형태를 갖춘 공간으로 창조됩니다. 카오스 상태에서 얼마 후 가이아라고 하는 땅이 솟아올랐고, 무질서의 카오스 상태를 단번에 바꾸어 놓았습니다. 땅으로 인하여 공허했던 공간은 뚜렷하게 경계를 만들며 분명한 형태를 갖게 되었습니다. 이제 이 공간은 더 이상 구분되지 않는 어둠과 혼돈의 공간이 아니라 명료하고 확실하며 안정된 공간으로 바뀌었습니다.

이와 같은 그리스 신화의 메시지는 신기하게도 오늘날 자연계에 존재하는 카오스에 적용됩니다. 카오스는 언뜻 생각하기에 불안정하고 불규칙한 것으로 보이기 쉽지만 그 나름의 질서와 규칙성에 의거하여 결과를 도출합니다. 하지만 미미한 인과율 때문에 그다지 주목받지 못하고 백안시되어 왔던 것은 사실입니다.

불규칙 속의 규칙성, 카오스 이론

최근까지도 모든 자연 현상은 뉴턴Isaac Newton(1642-1727)이 문을 연 고전 물리학의 기계적 인과율로 설명되었습니다. 작은 변화는 작은 효과를 도출하고 여러 개의 작은 변화가 모여 큰 효과를 얻는 것입니다. 이와 같이 모든 자연 현상을 선형계로 간주하여 예측이 가능하기 때문에 그것을 질서 정연한 것으로 보았습니다. 하지만 대부분의 자연 현상은 불규칙하며 그래서 예측이 불가능한 비선형적인 모습으로 나타납니다. 게다가 나비 효과처럼 작은 변화가 시간이 경과함에 따라 엄청나게 큰 변화를 야기하기도 합니다.

로렌츠는 컴퓨터 기상 시뮬레이션을 할 때 초기조건 값의 미세한 차이가 너무나도 큰 차이를 가져왔기 때문에 이러한 특성을 '초기조건에 대한 민감한 의존성'이라고 명명하였습니다. 하지만 그의 컴퓨터 화면은 복잡한 궤도가 일정한 범위 내에서 서로 교차하거나 반복됨이 없이 일정한 패턴을 보여주고 있었습니다. 그러니까 카오스를 나타내는 화면의 그림이 일정한 모양을 갖고 있었던 것이지요. 혼돈 속에서도 일정한 모양을 갖추었으니 불규칙성 속에서도 규칙성이 내재되어 있는 것입니다. 하여 1975년 이러한 '초기조건에 민감한 의존성을 가진 시간 전개'를 카오스라 이르게 되었습니다.

그 이후 카오스 이론은 물리학 분야뿐만 아니라 다양한 분야로 그 적용 범위가 확대되었습니다. 카오스 이론은 경제와 경영 분야에도 도입되었습니다. 특히나 마케팅 분야의 권위자인 필립 코틀러Phillip Kotler 교수는 카오스 이론을 마케팅에 도입하여 카오틱스chaotics라는 개념을 내놓았습니다. 카오틱스는 경제 주체가 각자 직면한 위기에 대처하고, 불확실성에 대응하기 위하여 구축해야 할 시스템입니다. 카오틱스 경영시스템의 역할은 조기 경보 시스템 구축, 키 시나리오 작성, 전략적 대응 등을 통하여 급변하는 경제 상황 속에서 신속하게 위험을 감지하고 나아가 새로운 도약의 기회를 찾아내는 것입니다.

또한 카오스 이론은 의학 분야에도 응용되었습니다. 한 예로 뇌와 심장 사이에도 카오스 상태가 존재한다는 겁니다. 뇌의 활동이 카오스이기 때문에 뇌가 외부 세계에 유연하게 반응할 수 있으며, 젊고 건강할수록 심장이 더 불규칙하게 뛴다는 사실이 밝혀져 의학계에 파장을 불러일으켰습니다. 이제 카오스 이론은 혼돈을 이해하고 그것을 이용하는 단계를 넘어서서 그 혼돈을 제어하고 통제하는 데까지 나아가고 있습니다.

gas는 곧 chaos

앞서 말했듯이 그리스인들은 태초의 무질서한 혼돈 상태를 kháos라고 하였습니다. 그것은 '광활한 공간, 커다란 구멍'이라는 뜻인데 하늘과 땅, 그리고 그곳을 채운 행성과 만물이 아직 만들어지지 않은 혼돈의 우주 공간을 이르는 말이었습니다. 영어 어휘 chasm(틈새, 구멍)은 바로 chaos에서 나온 것이지요. 또한 신화에서는 '혼돈의 신'을 일컫는 말이기도 합니다.

한편 1600년대에 벨기에 플랑드르 지방의 화학자인 반 헬몬트J. B. van Helmont(1577-1644)가 화학 실험 중에 만들어진 '휘발성 물질'에 gas라는 이름을 붙였습니다. 그리스어의 'kh'가 플랑드르어 'g'의 음과 같기 때문이었지요. 결과적으로 chaos와 gas는 같은 단어인 셈입니다. 그러다가 1700년대 이르러 gas는 등화용이나 연료로 쓰이는 '혼합가스'를 지칭하게 되었습니다.

이후 '자동차에 사용하는 액체'까지도 gas라고 지칭했습니다. 19세기 후반에 만들어져 사용되기 시작한 이 어휘는 쉽게 가스로 바뀌는 속성을 감안하여 원래는 gasoline(휘발유)이라 했었습니다. gas(가스)+-ol(-olum=olive oil, 올리브유)+-ine(화학 물질을 나타내는 접미사)의 과정을 통하여 만들어진 어휘입니다.

오늘날 세계는 지구 환경을 위하여 gasoline을 비롯한 화석 연료의 소비를 줄이는 캠페인을 벌이고 있습니다. 화석 연료의 지나친 소비는 이산화탄소 방출을 증가시켜 온실 효과를 유발합니다. 이 온실 효과는 지구 표면의 온도를 상승시켜 지구 온난화로 이어집니다. 전 세계가 지구 온난화에 주목하는 것은 그것이 이상 고온 현상과 이상 저온 현상, 엘니뇨와 라니냐, 그리고 홍수와 가뭄 등 기상 이변을 동반하여 막대한 인명과 재산 피해를 가져오기 때문입니다. 다시 말하면 gas의 지나친 소비로 말미암아 지구 환경은 혼돈 상태인 chaos로 돌아간다는 뜻입니다.

이 때문에 환경론자들은 화석 연료의 소비를 최대한 줄여서 주변 환경이 chaos로 전락하는 것을 막고 cosmos 상태로 되돌리려는 노력을 기울이고 있습니다. cosmos는 그리스어로 '질서 정연한 배열' 그래서 '조화'를 이루고 있는 universe(우주)를 뜻하는 말이지요. 글쎄요, 어찌 보면 파우더, 립스틱, 마스카라 등의 cosmetics(화장품)을 사용하여 화장하는 것도 chaos 상태의 얼굴을 cosmos의 형태로 만들려는 노력 아닌가요?

fus, fund, found(=to melt or pour, 녹이다, 쏟다) / ven(t)(=to come, 오다, 일어나다)

advent[ǽdvent] 〈ad-(=to)+vent〉 출현, 도래

confuse[kənfjúːz] 〈con-(=together)+fus〉 혼동하다, 당황하게하다

convene[kənvíːn] 〈con-(=together)+ven〉 모으다, 소집하다

diffuse[difjúːz] 〈dif-(=apart)+fus〉 흩뜨리다, 발산하다

refund[ríːfʌnd] 〈re-(=back)+fund〉 반환(하다), 환불(하다)

▶같은 듯 같지 않은 단어들

• avenue[ǽvənjùː] 양쪽에 나무가 있는 가로수길, 큰 거리

While visiting the city, I stayed at a hotel on Fifth Avenue.
그 도시에 가 있는 동안, 나는 5번가에 있는 호텔에 숙박했다.

• lane[lein] 좁은 시골길, 대로 위에 나누어진 한 부분

Follow the lane to the river, you can find a cottage.
강 쪽으로 길을 따라오면, 오두막 한 채를 발견할 겁니다.

• road[roud] (도시든 지방이든) 탈 것이 다닐 수 있는 길

He was driving along the road when a girl suddenly stepped out in front of him.
그가 도로를 따라 차를 몰고 있었을 때 한 소녀가 갑자기 그 앞으로 뛰쳐나왔다.

• street[striːt] (길 양쪽에 빌딩들이 늘어선) 도시의 번화한 거리

I just saw Jane walking down the street.
나는 방금 제인이 거리를 걸어가고 있는 것을 보았다.

It is natural to a greyhound to have a long tail.
사냥개 그레이하운드의 긴 꼬리는 당연하다.

CHAPTER 2 _ in situ, 세상 속에서

113

18 decimal
열 손가락은 내 몸의 소우주

decimal[désəməl]
① 십진법의, 소수의
② 십진법, 소수

수를 보는 관점의 차이

　외국어로서 영어를 사용할 때 부딪치는 난관 중에 하나는 수数 개념입니다. 한국인이라면 주차장을 가득 메운 상태를 말할 때 '주차장에 차들이 많아서'라고 말할 수도 있지만 '주차장에 차가 많아서'라고 말합니다. 굳이 둘 이상의 명사에 붙이는 복수형 어미를 고집하지는 않습니다.

　왜 그럴까요? 이는 사물을 보는 관점이 다르기 때문입니다. 영어 사용자들은 사물을 볼 때 독립적인 개체성을 따집니다. 하지만 한국어 사용자인 우리는 사물을 대할 때 그것을 구성하는 물질, 즉 속성에 초점을 맞추어 사물을 인식합니다. 따라서 사물을 개별적인 물체로 나누어 보는 영어 사용자들은 그 점을 언어에 반영하여 단수, 복수, 셀 수 있는 명사, 셀 수 없는 명사로 철저히 구분하여 사용하는 반면에 우리는 그 구성 물질과 속성 중심으로 사물을 보기 때문에 영어에 비하면 사물의 개수를 일일이 구분하는 어법을 잘 쓰지 않습니다.

　수와 관련된 언어의 사용법은 서로 다르지만 아무튼 수는 우리의 생활과 밀접한 관계를 갖고 있습니다. 생활과 밀접한 관계 때문인지 수는 인류의 역사만큼 이나 오래된 역사를 자랑합니다. 지구상의 거의 대다수 사람들이 공통으로 사용 하고 있는 열 개의 아라비아 숫자는 3천 년 전 인도인들이 만들었다고 알려져 있 습니다. 아라비아 숫자의 모양에서 '곡선은 사랑, 교차점은 시련, 가로줄은 속박' 을 의미합니다. 숫자는 나름대로 생명과 관련된 의식의 체계를 잘 보여주고 있 지요. 숫자의 모양에 나타난 의미는 대략 이렇습니다.

숫자의 의미

먼저, 1은 세로줄의 모양이니 사랑이나 시련 또는 속박이 없는 상태입니다. 아 무런 의식이 없는 그래서 생명이 없는 단순한 물질 상태로 존재하는 광물을 뜻 합니다.

2는 식물을 의미합니다. 위는 곡선이니 하늘을 향한 사랑을 나타내며 아래는 가로줄이니 땅에 대한 속박을 뜻합니다. 그러므로 하늘을 향한 사랑이 잎과 꽃 을 하늘로 향하여 자라게 하지만 뿌리는 땅에 구속되어 깊이 박히므로 움직일 수 없게 됩니다.

3은 동물입니다. 위에도 곡선이 있고 아래에도 곡선이 있으니 동물은 하늘에 대한 사랑도 있고 땅에 대한 사랑도 있습니다. 가로줄이 없으니 어디에도 구속 되지는 않습니다. 사랑에서 비롯되는 욕구만이 있을 뿐입니다.

4는 인간을 뜻합니다. 아래로는 땅에 속박을 받으면서 시련을 뜻하는 교차점 이 있습니다. 4는 3과 5의 사이에 있습니다. 그래서 4는 3이 뜻하는 동물과 5가 뜻 하는 더 나은 단계로 향하는 선택의 기로에서 시련을 겪는 인간을 의미합니다.

5는 2와는 정반대의 모습인데요. 이것은 깨달은 인간을 의미합니다. 위의 가 로줄은 하늘에 속박된 상태를 나타내고 아래의 곡선은 땅에 대한 사랑을 의미합 니다.

6은 천사입니다. 사랑을 뜻하는 곡선만이 존재하며 시련이나 속박은 없는 것입니다. 땅에서는 사랑을 베풀고 더 높은 하늘로 날아 올라가는 존재, 곧 천사를 의미합니다.

7은 수도승을 의미합니다. 위로는 하늘에 속박을 의미하는 가로줄이 있습니다. 아래는 세로줄이 있는데 아래 세상에 영향력을 행사한다는 의미이지요.

8은 3에 견주어 설명이 가능하며 또한 9는 6에 준하여 설명할 수 있습니다. 그런데 0은 좀 특별합니다. 0은 원래 인도에서 유래한 것인데 7세기경 페르시아인들이 인도로부터 0을 모방하였고 그로부터 얼마 후에 아라비아인들이 그것을 받아들였다가 13세기에 유럽으로 전해 주었습니다.

당시 유럽에서 0은 혁명적인 개념이었습니다. 그 자체로서는 아무것도 아닌 것이 다른 수에 붙으면 그 수를 열 배로 만들 수 있었으니까요. 0을 붙임으로써 계량 단위를 바꾸지 않고도 십, 백, 천, 만 등의 계수를 표기할 수 있게 되었습니다. 또한 0은 모든 것을 무로 되돌릴 수도 뒤집어진 음수의 세계로도 들어갈 수 있게 해줍니다. 하여 0이 너무나 많은 개념을 뒤엎는다는 생각에 중세 유럽의 교회에서는 악마의 수, 사탄의 수라고 부르기도 했습니다.

수를 표기하는 진법

이러한 수를 표기하는 진법 중 오늘날 가장 널리 쓰이는 것이 10진법입니다. 하지만 인간이 처음부터 10진법을 사용한 것은 아닙니다. 처음에는 2진법을 사용한 것으로 알려져 있습니다.

2진법은 하나, 둘, 그 외의 것을 가리키는 가장 단순한 차원의 진법입니다. 간단하기 때문에 가장 먼저 만들어진 것으로 생각되지만 실용화하는 데 어려움이 있어 사라진 것으로 추측됩니다. 그러다가 미적분학의 발명자로 알려진 라이프니츠Leibniz(1646-1716)에 의해 부활하였죠. 정보를 표기하기 위해 두 가지 숫자만 사용하는 2진법은 현재 컴퓨터에 응용되어 인간의 문명 발전에 지대한 영향을 끼치고 있습니다.

5진법은 인류가 상용화한 최초의 진법입니다. 남미에 살고 있는 몇몇 부족들이 지금도 5진법을 사용하고 있는 것으로 알려져 있는데요. 그것은 아마도 다섯 손가락을 응용한 것 아니겠습니까?

농사를 주업으로 해왔던 선사시대에는 12진법을 사용하였습니다. 농부가 철철이 해야 할 일을 알려주는 농가 월력, 즉 달력이 12진법으로 되어 있는 것이 그 증거입니다. 그리고 도량형도 또 다른 증거인 셈인데요. 1피트는 12인치, 1파운드는 12온스, 1실링은 12펜스, 1다스는 12자루가 바로 그 예입니다.

또한 60진법은 고대 바빌로니아인들이 처음 사용한 진법입니다. 그것은 오늘날까지 이어져 시간 측정에 사용되고 있습니다. 고대인들 가운데 천문학 분야에서 발군의 실력을 보여준 그들은 당시 1년이 360일로 되어 있음을 간파하고 이것을 표기하는 데는 60진법이 편리하다는 사실을 알아냈습니다. 그러니까 1시간은 60분, 1분은 60초라는 것은 바로 그들이 생각해낸 것들입니다.

오늘날 우리가 사용하고 있는 10진법은 열 손가락을 가진 우리의 조상이 오래전부터 사용해 온 것입니다. 고대 이집트, 중국, 바빌로니아 지역에서 10진법이 사용된 기록들이 그 사실을 입증해 줍니다. 하지만 현재와 같이 10진법이 널리 사용되게 된 것은 8세기 무렵 활발한 활동을 벌인 인도와 아랍인들 덕분입니다. 하나에서 열까지의 수, 그리고 0의 개념을 확립한 것은 물론이고, 산술을 뜻하는 알고리즘algorism이 그의 저서에서 유래될 정도로 유명한 알 콰리즈미al-Khwārizmi(780-850)의 공로도 간과할 수 없습니다. 더구나 그는 처음으로 자리를 지정하는 숫자로서 0을 사용한 것으로 유명합니다. 또한 인도-아라비아 숫자 체계를 유럽에 처음 소개한 피보나치Leonardo Fibonacci 덕분에 10진법은 오늘날 보편적으로 사용되는 숫자 체계가 되었습니다.

셈의 기본은 열 손가락

라틴어 decem(10) ⇒ decimus(10으로 나눈)
⇒ decimális ⇒ decimal(십진법의)

열 개의 숫자에 기초한 숫자 체계 decimal은 라틴어에서 '10'을 뜻하는 decem 또는 deci와 관련이 있습니다. decimal은 decimus(=tenth, 10으로 나눈, 열 번째의)에서 파생된 중세 라틴어 decimális에서 유래된 것입니다. 그런데 decimus는 원래 라틴어 decem(=ten)에서 나온 것이지요. decem에서 나온 파생어의 예로는 december(12월), dime(10센트짜리 동전) 그리고 decimate가 있습니다.

decimate는 원래 '십분의 일을 징수하다' 또는 '열 명 중 한 명을 제비뽑아 죽이다' 등의 뜻을 갖고 있던 어휘입니다. 그런데 오늘날 decimate가 '많은 사람을 죽이다'라는 의미를 갖고 있는 것을 보면 의미가 부풀려진 것이 틀림없습니다. 왜냐하면 decimate는 라틴어 decem(10, 열)+-atus(십분의 일을 갖는)에서 나온 것입니다. 그러니까 수치상 십분의 일과 연관이 있는 것이지요. 그래서 decimate는 십일조의 세금을 의미하였고, 또 하나는 열 명 중 한 명을 뽑아 대표로 처단하는 로마 군대의 처벌 방식을 지칭하는 어휘였습니다. 그런데 decimate는 그 이후에 군대뿐만 아니라 화재, 홍수, 기근, 전염병 등으로 인명이 희생되는 경우에 십분의 일이 아닌 부풀려진 숫자를 나타내게 되었습니다. 이와는 별도로 decem 또는 deci와 사촌 격인 그리스어 접두사 déka-로부터 접두사 deca-가 파생되어 decade(10년)와 decalogue(십계명)가 나오기도 했습니다.

수지침의 원리는 열 손가락 하나하나가 온몸의 정해진 부위와 연결되어 있는 것을 응용하는 것입니다. 열 개의 손가락이 온몸과 연결되듯이 손가락에서 나온 10개의 숫자가 세상사와 관련되어 있다는 사실이 흥미롭습니다. 우리 조상은 물론 우리 또한 손가락을 굽혔다 폈다 하는 셈법으로 세상을 지배하며 살아왔습니다. 글쎄요, 어쩌면 '내 손안에 있소이다'가 바로 그런 뜻 아닐까요?

cur, curs, cours(=to run, 달리다) / deca, deci(=ten, 10) /
greg(=a flock, 무리)

aggregate[ǽgrigèit] 〈ag-(=to)+greg+-ate〉 모으다, 모이다
concur[kənkə́:r] 〈con-(=together)+cur〉 일치하다, 동의하다
decathlon[dikǽθlɑn] 〈deca(=ten)+(a)thron(=contest)〉 10종 경기
incur[inkə́:r] 〈in-(=in)+cur〉 (빚을) 지다, (손해를) 입다, (위험을) 초래하다
segregate[ségrigèit] 〈se-(=apart)+greg+-ate(=to make)〉 분리하다, 차별하다

▶같은 듯 같지 않은 단어들

• institute[ínstətjù:t] 학문 연구나 의료에 관련된 일을 하는 기구나 기관

The mission of MIT is to advance knowledge and educate students in science,
technology and other areas of scholarship.
MIT의 할 일은 과학, 기술 그리고 기타 학문 분야의 지식을 발전시키고 학생들을 가르치는 것
이다.

• college[kɑ́lidʒ] 특정 전공 분야를 위한 대학

Our university is composed of 10 colleges.
우리 대학은 10개의 단과 대학으로 이루어져 있다.

• school[sku:l] (대학을 포함하여) 학생들이 공부하는 학교

The school was established 150 years ago.
그 학교는 150년 전에 세워졌다.

• university[jù:nəvə́:rsəti] 다양한 전공 분야의 대학을 두루 갖춘 종합 대학

He entered the state university last year.
그는 작년에 주립 대학에 입학했다.

When the head aches, all the body is the worse.
머리가 아플 뿐인데 온몸이 나빠진다.

CHAPTER 2 _ in situ, 세상 속에서
119

19 dictator
복종을 강요하는 자

dictator[dikteitər]
① 독재자, 실력자, 절대 권력자
② 받아쓰게 하는 사람
③ (로마의) 독재 집정관
④ 위압적인 사람, 건방진 사람

거부할 수 없는 강력한 말

브라운 아이드 걸스라는 걸 그룹의 히트곡 중 〈아브라카다브라〉라는 노래가 있습니다. 소위 '시건방 춤'으로 유명했던 노래인데요. 이 노래 제목은 히브리어 'Habracadabrah'로 '말한 대로 될지어다'라는 뜻입니다. 마술사들이 마술할 때 흔히 외우는 주문입니다. 실제로 중세시대 열병을 다스리기 위한 주문으로 사용되기도 했는데 마술사들이 이것을 가져와 자신들의 마술이 막 공개되기 직전에 이 말을 중얼거리게 된 것입니다.

마술사나 주술사가 중얼거리는 주문을 들을 때 누구나 묘한 긴장감과 뭔지 모를 불안감에 휩싸이는 것은 왜일까요? 그것은 불가능한 것을 가능하게 만드는 알 수 없는 그 무엇에 대한 경외심 때문입니다. 이렇게 초자연적인 성격을 띤 주문이나 종교적인 계율 같은 것은 불가사의한 힘을 가진 것으로 여겨지게 됩니다.

하지만 그런 것이 아니더라도 감히 맞설 수 없는 말이 또 있습니다. 다름 아닌 세속에서 엄청난 권력을 갖고 있는 권력자의 말이 그렇습니다. 그것을 잘 보여주는 예가 바로 지록위마指鹿爲馬라는 고사성어에 얽힌 이야기입니다.

진시황秦始皇(B.C. 259-B.C. 210)이 병으로 죽자 환관 조고趙高는 권력을 쥐고자 일을 꾸밉니다. 진시황의 맏아들 부소扶蘇를 자결하게 하고 좀 모자란 둘째 아들 호해胡亥를 황제 자리에 앉히고는 국정을 마음대로 농락했지요. 조고는 조정의 실권을 차지했지만 자신이 환관 출신이라 조정의 중신들이 자신을 얕본다는 자격지심을 갖고 있었습니다. 그래서 그는 이참에 자신의 힘을 시험해 보고자 했습니다.

어느 날 조고는 조정 중신들의 회의 때 사슴을 끌고 와서 황제에게 바치며 자신이 황제를 위하여 말을 바친다고 고하였습니다. 황제는 웃으며 왜 사슴을 말이라고 하냐며 반문했지요. 그러자 조고는 사슴이 아니라 말이라고 재차 말합니다. 그러면서 황제 앞에 줄지어 서있던 조정 중신들에게 자신의 말이 틀렸는지 물어 봅니다. 하지만 조고의 위세에 눌려 아무 말도 하지 못했지요.

이것은 『사기』 진시황본기에 실려 있는 고사로 사슴을 가리키며 말이라고 하는 것, 즉 절대 권력자의 말은 사실이 아닌 것을 사실로 바꿀 정도로 그의 말은 곧 법임을 말해줍니다. 맞서거나 거역할 수 없는 절대적인 것입니다.

집단 압력에 의한 동조 현상

그런데 이와 같은 상황이 단순히 역사에나 존재하는 고사로만 치부될 것은 아닙니다. 오늘날에도 사실 여부와 관계없이 엉뚱하게 결론이 지어지는 상황은 얼마든지 있습니다. 예를 들어 어떤 안건을 결정하기 위하여 몇몇이 모여 논의를 합니다. 누군가가 A안을 내놓고 열심히 설명하지만 결점이 많이 발견됩니다. 그런데 바로 그때 다른 누군가가 A안에 대하여 기가 막힌 안이라고 칭찬을 하게 되면 나머지 사람들도 동의해 버리고 맙니다. 그런 상황에서 반대 의견을 내기란 어렵습니다.

심리학에서 이런 현상을 동조conformity라고 말합니다. 자신을 집단에 맞추려는 경향을 이르는 말인데 사람들로 하여금 동조를 유발시키는 특정 상황이 있습니다. 대체로 사람들은 자신이 모르거나 확신을 하지 못하는 경우에는 다른 사람의 정보에 의존하여 판단하는 경향이 있습니다. 게다가 한 걸음 더 나가 다른 사람의 판단을 맞는 것으로 여기고 마치 규범처럼 받아들인다는 겁니다.

동조 현상에 관한 연구 가운데 정보가 어떻게 영향을 주는지를 보여주는 실험이 있습니다. 먼저, 실험 참가자들을 어두운 방에 앉히고 그들에게 빛을 쏘아 만든 점 하나를 보여 줍니다. 사람의 눈은 어두운 공간에서 빛으로 만든 점을 볼 때 실제로는 움직이지 않는 점도 움직이는 것으로 인식하는 착시 현상을 갖게 됩니다. 그러니 사람마다 제각기 주관적으로 점을 인식하게 되겠지요. 그야말로 정보가 불확실한 상황입니다.

잠시 후, 한 사람씩 불러서 점이 어떻게 움직였는지를 물어봅니다. 한 사람씩 개별적으로 질문을 받을 경우에는 자신이 보았다고 생각하는 수치의 답을 내놓기 때문에 답이 제각각입니다. 잠시 후에 실험 참가자를 다 모이게 한 후 똑같은 질문을 합니다. 놀랍게도 답은 하나의 수치로 모아집니다. 누군가가 5㎝ 움직였다고 말하자 사람들은 고개를 끄덕이며 그 의견에 동의를 표합니다. 자신의 의견이 불확실하니 남이 내놓은 정보를 믿고 거기에 동조해 버리는 것이지요.

동조 현상을 설명해주는 또 다른 실험이 있습니다. 종이에 그어 놓은 똑같은 길이의 선분을 보여줍니다. 개별적인 질문에는 실험 참가자들이 두 선분의 길이가 같다고 대답합니다. 그러나 실험 참가자들을 모아 놓고 미리 말을 맞춘 2명의 연기자를 투입하여 선분의 길이가 다르다고 주장하게 하자 실험 참가자들은 틀린 답에 동조해 버립니다.

이상의 두 실험은 의사 결정을 내리는 데 있어서 사람들이 갖고 있는 특별한 성향을 보여줍니다. 즉, 상대방과 다른 결정을 내놓음으로써 상대에게 미움받는 것을 원하지 않는다는 것이지요. 다시 말하면 상대가 싫어할 행동은 가급적 하지 않으려고 하기 때문에 상대를 의식하는 '동류 집단 압력peer pressure'이 행동을 결정하는 중요한 요인으로 작용한다는 것을 알 수 있습니다.

권위에 대한 복종 실험

그러나 '동류 집단 압력'보다도 인간의 행동에 더 큰 영향을 미치는 것은 전문가 또는 힘을 가진 사람의 권위입니다. 미국의 사회심리학자 밀그램Stanley Milgram(1933-1984)의 '권위에 대한 복종 실험'은 그 사실을 잘 보여 줍니다. 밀그램은 실험 참가자들에게 죄수들이 오답을 말할 때마다 15V씩 전압을 올려 전기 충격을 주도록 요구했습니다. 물론 스위치는 전기에 연결되지 않았고 죄수들은 훈련된 연기자로 진짜 전기고문을 당하는 것처럼 비명을 지르며 연기를 하게 시켰습니다.

그런데 놀라운 일은 전압이 올라갈수록 죄수가 고통스러워진다는 사실을 알면서도 실험 참가자들은 무심하게 지시를 받은 대로 계속 전압을 올려 전기 충격을 가했습니다. 심지어 죄수들이 비명을 지르다가 축 늘어지는 모습을 보면서도 말입니다. 이 실험은 사람들이 양심의 가책이나 주어진 책임에 따라 행동하기보다는 권위나 힘을 가진 사람에게 복종한다는 사실을 잘 보여줍니다.

이와 같은 사실은 1962년 예루살렘에서 열린 나치 전범 재판에서도 다시한 번 확인되었습니다. 재판 과정에서 독일의 여성 철학자 한나 아렌트Hannah Arendt(1906-1975)는 유대인 학살에 깊이 관여했던 아이히만과 인터뷰한 내용을 『예루살렘의 아이히만』에 이렇게 적었습니다.

수백만 명의 유대인들을 학살한 아이히만이 악인임을 입증하려고 하였는데 만나보니 그는 악인과는 거리가 먼 사람이었다는 겁니다. 그에게서 유대인을 학살할 어떠한 동기도 발견하기 어려웠으며 그는 단지 자신의 발전을 위해 성실하게 살아가는 너무나 평범한 사람이었다는 것이지요. 그를 엄청난 범죄자로 만든 것은 철저한 무사유sheer thoughtlessness이기 때문에 그는 자신이 무슨 짓을 했는지 결코 깨닫지 못할 것이라고 말했습니다. 다시 말하면, 그는 나치의 최고 통치권자에게 복종하여 자신에게 내려진 명령을 묵묵히 이행한 평범한 사람이었다는 겁니다.

그렇다면 아이히만은 아무 죄가 없는 건가요? 이에 대하여 아렌트는 막강한 권력을 가진 독재자에게 복종할 수밖에 없다고 하더라도 다른 사람이 입을 피해를 생각하지 않았다는 무사유 때문에 그는 벌을 받아 마땅하다고 말했습니다.

독재자의 말은 받아 적어야 하는 것

라틴어 dictum[dicere(=say)의 과거분사](말하다)
⇒ dictare(주장하다) ⇒ dictator(독재자)

막강한 권력을 가지고 있기 때문에 복종할 수밖에 없는 '절대 권력자' 또는 '독재자'. 그것을 뜻하는 어휘 dictator도 그 속에 그런 의미를 충분히 담고 있습니다. 왜냐하면 dictator는 '자신이 말한 것을 받아쓰게 하는 사람'이니까요. 토를 달지 말고 자신이 말한 대로 받아 적었다가 그대로 하라고 지시하는 사람이 바로 독재자가 아니겠습니까. dictator는 dictare(=assert, 주장하다)에서 나왔는데 동사 dictate(받아쓰게 하다)도 여기서 유래되었습니다. dictare는 dictum의 파생동사인데 dictum은 라틴어 동사 dicere(=say, 말하다)의 과거분사입니다. 이것은 중세 프랑스어에 유입되어 diction(발음, 용어)으로 쓰였습니다.

라틴어 dicere는 '가리키다'라는 뜻도 있습니다. 여기에서 dictiō(=saying, word, 말, 단어)가 파생되었고 이로부터 형용사 dictionārius가 나왔습니다. 이것이 중세 라틴어에서 '단어의 모음'이란 뜻으로 dictionatium이 사용되었고, 16세기 영어에 유입되어 어휘를 모아 놓은 책, 즉 '사전'이란 뜻의 dictionary가 된 것입니다.

절대 권력을 휘두르며 자신의 말을 그대로 시행하게 하는 독재자. 하지만 입에서 나오는 순간 허공에 흩어지는 말소리의 속성처럼 독재자의 말, 그리고 그 속에 실린 힘도 때가 되면 흩어져 역사의 뒤안길로 사라지는 것 아니겠습니까? 절대 권력은 절대 부패하는 것이 진리니까요.

dic(t)(=to speak, 말하다; to proclaim, 선언하다)

abdicate[ǽbdikèit] ⟨ab-(=off)+dict+-ate(=to make)⟩ 포기하다, 사임하다
dictate[díkteit] ⟨dict+-ate(=to make)⟩ 받아쓰게 하다, 명령하다
edict[í:dikt] ⟨e-(=out)+dict⟩ 포고, 칙령
predict[pridíkt] ⟨pre-(=before)+dict⟩ 예언하다, 예보하다
verdict[və́:rdikt] ⟨ver(=truly)+dict⟩ 평결, 진실 말하기

▶같은 듯 같지 않은 단어들

• acquaintance[əkwéintəns] (친한 사이는 아닌) 아는 사람, 지인

  I had a few business acquaintances in China.
  나는 중국에 사업상 아는 몇몇 지인들이 있다.

• crony[króuni] (못마땅한 의미) 편애하는 친구

  He was playing cards with his cronies.
  그는 패거리 친구들과 카드놀이를 하고 있었다.

• friend[frend] 서로의 우정을 나누는 친구, 벗, 자기 편, 동반자

  She has a lot of friends.
  그녀는 친구가 많다.

• mate[meit] friend에 대한 informal 어휘, 좋은 친구, 성적 상대, 동물의 암수 쌍

  She has found her ideal mate.
  그녀는 자신의 이상적인 짝을 찾았다.

20 economy

뿌린 대로 거두리니

economy[ikánəmi]
① 절약, 효율적 사용
② 경제, 경제 제도, 가계
③ 경제학
④ 섭리, 질서

경제적이지 않은 준 합리적 경제 이론

만물의 영장이며 이성을 갖춘 경제적 동물이라는 인간도 가끔은 그 이름에 걸맞지 않은 판단을 내릴 때가 있습니다. 다음의 상황을 가정하고 자신은 어떻게 답을 했을까를 한 번 생각해 봅시다.

첫 번째 상황입니다. 어떤 스마트폰 모델이 예상했던 것보다 너무 인기가 치솟는 바람에 생산업체가 도저히 그 수요를 감당할 수 없게 되었습니다. 그래서 소비자들은 그 모델을 받으려면 다섯 달을 기다려야 합니다. 사태가 여기에 이르자 대리점들은 이때다 싶어 정가에 30만 원을 올려서 그 제품을 팔기 시작했습니다.

두 번째 상황입니다. 마찬가지로 어떤 스마트폰 모델이 너무 인기가 있어서 소비자가 그 모델을 받으려면 다섯 달을 기다려야 합니다. 이에 대리점들이 지금까지는 30만 원 할인된 가격으로 판매하던 것을 할인을 없애고 정가대로 팔기로 하였습니다.

이 두 상황에 대하여 대리점이 한 행태는 납득할 만한 건가요, 아니면 불공정한 것인가요? 이것은 예전에 실제로 있었던 실험입니다. 그런데 실험에 응했던 사람들의 응답 결과가 무척 흥미롭습니다. 첫 번째 상황, 즉 앞으로 30만 원이라는 추가 인상분을 더 붙여서 판매하기로 한 결정에 대하여 사람들은 대부분 불공정하다는 생각을 했습니다. 반면에 두 번째 상황인 정가에서 빼주는 할인을 하다가 할인을 중단하고 정가대로 받겠다는 결정에 대해서는 납득할 수 있는 것이라고 말했습니다.

따지고 보면 가격을 올리는 것이나 할인을 중단한 것이나 스마트폰 가격으로 30만 원이 더 들어가야 하는 것은 마찬가지입니다. 그런데 왜 똑같은 사실에 대하여 사람들은 다르게 생각할까요? 이와 같은 모순을 설명하기 위하여 인지심리학자이며 경제학자인 대니얼 카너먼Daniel Kahneman은 자신의 준 합리적 경제이론quasi-rational economic theory을 언급했습니다.

이를테면 인간은 자신이 처해 있는 상황이나 대처 방식에 따라 전혀 다른 인식을 갖게 된다는 겁니다. 예를 든 스마트폰 판매의 경우, 먼저 기존의 가격에서 추가로 인상하는 것은 명백한 손해로 인식하는 반면에 할인을 중단하고 원래의 가격을 받는 경우는 자신이 이득을 볼 기회를 잃어버린 것으로 생각한다는 것이지요. 다시 말하면 손해를 본 것에 비하면 이득을 볼 기회를 잃은 것은 운이 없는 것으로 생각하여 쉽게 털어 버릴 수 있다는 겁니다.

하여 사람들은 경제 행위를 하는 데 있어서 대부분 손실을 피할 수 있는 방향을 선택합니다. 예를 들면 펀드에 투자하거나 직장을 옮기는 일 등의 중요한 결정을 내려야 할 때 손실회피를 가장 우선적으로 고려한다는 것이지요. 이 때문에 한 가지 선택을 위하여 버려야 할 다른 선택의 기회비용은 종종 부풀려져 변화가 아닌 현실에 안주하는 보수적 성향을 띠게 됩니다.

부정확한 근거에 의존하는 정박효과

기회비용이라는 말을 종종 들을 겁니다. 다른 선택의 기회를 포기함으로써 발생하는 비용을 말합니다. 부연하자면 여러 선택 방안 가운데 하나를 선택했을 때 포기하게 된 나머지 대안 가운데 가장 좋은 대안의 가치를 일컫는 말이지요. 모두 다 가질 수는 없고 선택을 해야 하는데 어느 한 가지를 선택하는 대신 치러야 하는 대가를 기회비용이라고 합니다.

말이 나왔으니 말이지 우리 인간은 판단과 선택을 하는 데 있어서 그다지 이성적이지 않습니다. 복잡한 일을 해결하거나 어떤 것의 가치를 판단할 때 사람들은 합리적이고 논리적인 것에 근거를 두기보다는 먼저 비교 대상을 찾습니다. 적절하고 정확한 정보나 수치를 찾기가 쉽지 않으니 차선책으로 조금이라도 관련 있는 정보에 매달리는 겁니다. 그런데 문제는 그 근거가 신빙성이 적다는 것이지요. 어쨌든 그렇게 찾아낸 근거를 심리학에서는 닻anchor이라고 하고 그것에 근거하여 판단하는 것을 정박 효과anchoring effect라고 합니다.

정박 효과는 대니얼 카너먼과 아모스 트버스키Amos Tversky가 1974년에 발표한 것입니다. 이것 역시 실험에 의한 결과인데요. 먼저 이들은 실험 참가자들에게 UN에 가입한 아프리카 국가의 수를 물었습니다. 그러면서 실험 참가자들이 1에서 100까지 숫자가 적힌 회전판이 돌아가는 것을 지켜보게 하였죠. 물론 이 회전판은 질문과는 아무런 관련이 없는 것으로 미리 주지되어 있었고, 회전판도 돌아가다가 아무 숫자에서나 멈추게 되어 있었습니다.

그런데 실험 결과는 의외였습니다. 회전판이 높은 숫자에 멈춘 것을 본 실험 참가자들은 UN에 가입한 아프리카 국가들의 수를 덩달아 높게 잡았고, 반면에 낮은 숫자에 회전판이 멈춰 선 것을 본 실험 참가자들은 가입국 수도 적게 잡았습니다. 회전판의 숫자가 UN의 가입 국 수와는 아무런 관련이 없었지만 마땅한 판단 근거가 없는 상황에서 회전판의 숫자가 근거, 즉 닻으로 작용하여 정박 효과를 불러일으킨 셈입니다.

정박 효과를 보여주는 또 다른 실험이 있습니다. 실험 참가자들에게 먼저 '스튜디오 97'이라는 레스토랑의 이름과 '스튜디오 17'이라는 레스토랑의 이름을 보여주었습니다. 그다음 어느 레스토랑의 음식 가격이 더 비쌀 것 같은지 물었습니다. 실험 참가자들은 '스튜디오 97'의 음식 가격이 훨씬 비쌀 거라는 답을 내놓았습니다. 레스토랑의 이름에 들어 있는 숫자가 닻으로 작용하여 정박 효과가 나타난 것입니다.

앞서 말한 바와 같이 정박 효과는 정확한 자료 분석을 토대로 판단을 내려야 하는데 그와 연관된 적절한 자료가 없을 때 발생합니다. 그 때문에 주변에서 얻은 무관한 자료가 닻이 되는 것이지요. 언뜻 보기에는 그러한 닻이 결정에 도움을 준 것 같지만 사실은 엉뚱한 결과를 낳습니다.

경제는 원래 가정을 관리하는 것

그리스어 oikonomia[oikos(=house)+nomos(lows)](가계 관리)
⇒ 중세 프랑스어 economie ⇒ 라틴어 oeconomia
⇒ 중세 영어 iconomique ⇒ economy(경제)

인간은 경제적인 동물이라고 하지만 앞서 본 것처럼 늘 경제적이지는 않습니다. 경제란 생활에 필요한 재화나 용역을 생산, 분배, 소비하는 모든 활동을 뜻하는 말인데요. 농경유목시대부터 이어진 가부장적 중심의 경제 활동을 시사하듯 economy가 그것을 잘 보여줍니다. economy는 '집'을 뜻하는 그리스어 oikos와 '관리'를 의미하는 nomos의 합성어인 oikonomia에서 유래되었습니다. 즉, oikonomia는 '가계 관리' 또는 '가사 경영'을 말합니다. 부연하자면, nomos는 동사 nemein(=distribute, 분배하다)에서 유래되었습니다. nomadic(유목의) 같은 어휘가 이와 연관된 것인데 가축을 치던 목초지를 분배하고 관리하던 사람들, 그들이 바로 유목민이었던 겁니다.

또 분배하는 의미의 동사 nemein에서 nemesis(복수의 여신)가 파생되었습니다. 이것은 사람들이 응당 받아야 할 것을 확실히 나눠주는 여신이 바로 복수의 여신 네메시스라는 것이겠지요. 아무튼 그리스어 oikonomia가 중세 프랑스어 economie를 거쳐서 들어왔고, 한편으로 라틴어 oeconomia를 거쳐 중세 영어로 유입되어 iconomique가 되었습니다. 이것이 15세기에는 yconomye의 형태로도 쓰였다가 17세기에 경제주체가 국가로 확대됨에 따라 가정의 관리만을 의미하는 것이 아니라 국가 차원의 자원 관리와 경영을 의미하는 말로 의미가 확대되었습니다.

생산과 분배가 적절히 이루어지고 가장이 가계를 관리하고 책임질 수 있었던 농경유목민 시절에 인간은 글자 그대로 경제적 동물이었습니다. 그런데 경제적이란 말이 무색할 정도로 오늘날은 공평하지 못한 분배로 빈익빈 부익부의 계층 분화가 심해지고 있습니다. 그렇다면 지금의 생산, 분배, 소비 등을 포괄하는 인간의 활동을 무엇이라 해야 할까요, 아무래도 economy는 그런 의미가 아니지 않습니까?

TIP!

 eco(=house, 가정) / dis, dif, di(=apart or away, 떨어져; not, 반의어)

digress[daigrés] ⟨di-(=apart)+gress(=to go)⟩ 벗어나다, 탈선하다
dilute[dilúːt] ⟨di-(=away)+lut(=to wash)⟩ 묽게 하다, 희박하게 하다
distract[distrǽkt] ⟨dis-(=apart or away) + tract(=to draw)⟩ (주의를) 흩뜨리다
dissent[disént] ⟨dis-(=apart)+sent(=to feel)⟩ 의견을 달리하다, 반대하다
discredit[diskrédit] ⟨dis-(=not)+credit(=believe)⟩ 믿지 않다
economy[ikánəmi] ⟨eco-(=house)+nom(=manage)⟩ 절약, 경제

▶같은 듯 같지 않은 단어들

• judge[dʒʌdʒ] 판사, (경기의) 심판

He was to go before a judge this afternoon.
그는 오늘 오후 판사 앞에 출두하기로 되어 있었다.

• referee[rèfəríː] (축구, 미식축구, 럭비, 아이스하키, 야구, 복싱, 레슬링 경기의) 심판, 신원 보증인

His team lost the game because the referee was biased.
심판이 편파적이었기 때문에 그의 팀이 졌다.

• umpire[ʌmpaɪə(r)] (야구, 크리킷, 테니스, 하키 경기의) 심판, 분쟁의 중재자

John has been chosen as an umpire of the next baseball game.
존은 다음 야구 경기의 심판으로 선출되었다.

21 enemy

선과 악은 동전의 양면

enemy[énəmi]
① 적, 원수, 경쟁 상대
② 적병, 적함
③ 악마, 해를 끼치는 것
④ 적군에 속하는, 적대하는

먹던 복숭아를 왕에게 준 죄

혹시 몇 년 전에 화제가 되었던 영화 〈쌍화점〉을 기억하나요? 원래 쌍화점은 고려 가요였습니다. 만두 가게에 만두 사러 갔더니 주인이 내 손목을 잡더라는 내용이죠. 그야말로 만두 가게 주인의 엉큼한 눈빛이 떠오르는 그런 노래입니다. 아무튼 영화 〈쌍화점〉은 공민왕 역을 맡은 주진모와 호위무사 자제위의 수장 홍림 역인 조인성 사이의 애증을 그린 영화로 인기스타 캐스팅과 더불어 덤으로 조인성의 멋진 몸까지 볼 수 있어서 당시에는 꽤나 인기를 끌었습니다. 하지만 뭐니 뭐니 해도 관심을 끌었던 주된 이유는 일반 대중에게 상영되는 영화에서 동성애 문제를 다루었다는 것이었지요.

우리 사회는 아직도 동성애를 보는 시선이 곱지 않지만 의외로 동성애는 오랜 역사를 갖고 있습니다. 옛날 교통수단이 발달하기 이전 부녀자를 동반한 여행은 치안을 비롯한 여러 가지 어려움을 수반하는 일이었습니다. 그래서 유럽의 귀족들은 특히나 장거리 여행을 해야 할 때 부녀자 대신 나이 어린 미소년을 데리고 다녔습니다. 그로 하여금 각종 수발을 들게 하였고 때로는 성적 노리개로 삼기도 했지요. 그런 일은 비단 서양에서만 있었던 것은 아닙니다. 고대 중국에서도 그 예를 찾아볼 수 있습니다.

중국의 전국시대 위衛나라에는 왕의 총애를 받는 미소년, 즉 위나라 판 홍림이 있었습니다. 그의 이름은 미자하彌子瑕였습니다. 흔히 그렇듯이 최고 권력자의 총애를 받는 사람은 기고만장해서 오만방자해지기 마련입니다. 미자하라고 다르겠습니까. 그 역시 왕의 총애를 한몸에 받자 천지를 모르고 날뛰었습니다. 그러다 보니 자연히 도를 넘는 행동을 하게 되었지요.

한 번은 이런 일이 있었습니다. 자신의 어머니가 병으로 몸져누웠다는 소식을 들은 미자하는 왕의 허락도 없이 왕의 수레를 타고 성 밖 사가에 문병을 다녀왔습니다. 이 일이 알려지자 미자하를 시기하던 조정의 신하들은 관례대로 법에 따라 미자하의 발뒤꿈치를 잘라내는 중형으로 다스려야 한다고 말했습니다. 하지만 미자하에게 빠져 있던 왕은 미자하가 뭘 해도 다 좋게 보였습니다. 그런 까닭에 왕은 미자하의 죄를 묻기는커녕 오히려 효성이 지극하다며 상을 내렸습니다.

그뿐이 아닙니다. 또 한 번은 미자하가 왕을 수행하여 과수원에 갔을 때 일입니다. 미자하는 복숭아를 먹다가 정말 맛있다며 자신이 먹던 복숭아를 왕에게 건네주었습니다. 그러자 신하들은 미자하가 왕에 대한 불경죄를 저질렀으니 중벌로 다스려야 한다고 들고 일어났습니다. 하지만 이번에도 왕은 미자하가 사심 없이 왕을 위한 충심에서 한 일이라며 신하들의 간청을 일축해 버렸습니다.

하지만 달도 차면 기우는 법. 흐르는 시간은 모든 것을 변하게 합니다. 미소년의 눈부신 미모는 빛을 잃기 시작했고 미자하에 대한 왕의 사랑도 시들기 시작했습니다. 그러던 어느 날 미자하가 또 다시 잘못을 저질렀고 왕은 이전과는 전혀 다른 모습을 보였습니다. 격분한 왕은 예전 같으면 묵과할 사소한 잘못을 두고 마치 중죄나 되는 양 미자하를 꾸짖었습니다. 뿐만 아니라 오래전 수레와 복숭아 사건까지 끄집어내어 문제 삼더니 결국 미자하를 처형시키고 말았습니다.

사랑과 증오는 동전의 양면 같은 것

라틴어 inimīus[in-(=not)+amīus(=friend)](친구가 아닌 상태)
⇒ 고대 프랑스어 enemi ⇒ enemy(적)

이 역사적 사실에서 나온 고사성어가 바로 여도지죄餘桃之罪입니다. 자기가 먹다 남은 복숭아를 준 죄라는 뜻으로 『한비자韓非子』 설잡 편에 실려 있는 내용이죠. 사랑이 변하면 미움이 될 수 있다는 것을 너무나 잘 보여주는 이야기입니다. 사랑이 깊으면 외로움도 깊어지고 외로움이 깊어지면 그것이 독이 되어 미움으로 변한다지 않습니까? 사람이면 누구나 갖게 되는 이중적 애증 관계는 비단 중국에서 있었던 옛날이야기로만 치부할 것은 아닙니다. 동전의 양면 같은 관계는 영어 단어 friend와 enemy에서도 찾을 수 있습니다.

'친구'라는 의미의 friend는 고대 영어 freond에서 유래한 것으로 '사랑하는 사람'이라는 뜻입니다. 이것은 라틴어 amīcus와 같은 의미인데 이것에서 프랑스어 ami, 이탈리아어 amico, 스페인어 amigo로 각각 파생되었죠. 라틴어 amicus는 amare(사랑하다)의 명사형인데 amare는 '사랑하는 사람'이란 의미의 amator로 프랑스어에 유입되었다가 다시 영어로 들어와 amateur가 되었습니다. amateur는 '어떤 것을 순수하게 좋아하는 사람'을 뜻합니다.

또 사랑과 미움의 이중성을 암시하는 것처럼 friend는 자신과 비슷한 어휘로 그것을 보여줍니다. 즉, friend와 형태가 비슷한 fiend는 friend와 정반대의 뜻을 갖고 있습니다. fiend는 처음에 '미워하는 사람'이라는 의미였습니다. 그러다가 의미가 강화되어 '적'이라는 의미를 갖게 되었지요. 또한 그것은 종교적인 분위기를 타고 중세시대에는 그리스도의 적인 '사탄'이라는 의미로도 사용되었습니다.

하지만 friend의 이중성에 대한 가장 강력한 증거는 뭐니 뭐니 해도 enemy(적, 원수)입니다. enemy는 원래 in-(=not)+amīcus(=friend)로 이루어진 라틴어

inimīcus에서 비롯되었습니다. 그것이 고대 프랑스어 enemi를 거쳐 13세기 초 영어에 유입된 것이지요. 영어 어휘 amicable(우호적인)과 amiable(상냥한)은 amīcus에서 비롯된 것입니다. 어쨌든 enemy의 구성성분은 in-(=not)과 amicus(=friend)입니다. 그러니까 친구가 아닌 상태가 적이라는 겁니다. 친구였는데 사랑이나 우정이 없어져서 더 이상 친구가 아닌 사람. 이것은 같은 사람이라도 친구일 때는 친구이지만 친구가 아니면 적일 수밖에 없다는 것을 보여주는 어휘이지요.

애증의 그림자, 아웃플레이스먼트

변하는 것이 사람의 마음뿐이겠습니까. 국제사회에서도 마찬가지입니다. 영원한 적도, 영원한 동지도 없다는 말도 있지 않습니까. 오늘의 우방이 이해관계에 따라 내일은 적대국이 될 수도 있습니다. 친구였다가 상황이나 처지가 바뀌면 적이 될 수도 있는 것은 기업 세계에서도 마찬가지입니다. 아웃플레이스먼트 outplacement라는 말이 그와 관련된 것을 보여줍니다.

아웃플레이스먼트는 구조조정으로 불가피하게 다니던 회사를 그만두는 사람들에게 재취업이나 창업 등을 지원하는 종합 컨설팅 업무를 이르는 말입니다. 알려진 바와 같이 국내 굴지의 대기업들은 짧게는 1년에서 길게는 6년까지 퇴직 임직원을 돌봐줍니다. 회사를 그만두었음에도 불구하고 현직 때와 똑같이 사무실, 비서, 그리고 전용차량도 제공하고 있습니다.

언뜻 보기에 이것은 모순처럼 보입니다. 왜냐하면 회사가 비용을 줄이기 위하여 구조조정을 거치며 사람을 내보낸 것인데 이율배반적으로 회사를 그만둔 사람에게 다시 비용을 들이니 말입니다. 그렇다면 그들에게 회사가 이렇게까지 다시 비용을 써가며 신경을 쓰는 이유는 뭘까요? 후환이 두려워서가 아닐까요? 행여 다니던 회사를 떠나면서 부당하게 토사구팽兔死狗烹 되었다는 악감정을 갖게 될까 그것을 걱정하는 겁니다. 그렇게 된다면 다니던 회사의 안티고객이 되거나 나아가 경쟁사에 취업하여 다니던 회사에 엄청난 손해를 입힐 수도 있으니 그것을 두려워하는 것이겠지요. 산이 높을수록 골도 깊으니 가까웠던 사이일수록 그 관계를 잘 유지해야 할 필요가 있습니다. 단짝 친구, 부부, 동업자, 그리고 동맹국 등 가까웠던 사이가 멀어지게 되면 더 치명적인 적대 관계가 될 수 있으니까요.

am(or)-(=love, 사랑) / phil-(=loving, 좋아하는) / flu,
flux(=to flow, 흐르다)

amateur[ǽməʧù] 〈am+ateur(=a person who)〉 아마추어(의)
amiable[éimiəbəl] 〈am+-able(=showing qualities of)〉 다정한, 상냥한
fluent[flúːənt] 〈flu+-ent(=-ing)〉 유창한, 융통성 있는
influx[ínflʌ̀ks] 〈in-(=in)+flux〉 유입, 도래
philology[filάlədʒi] 〈philo+log(=a word)+-y(n. suffix)〉 언어학, 문헌학
philosophy[filάsəfi] 〈philo+soph(=widsom)+-y(n. suffix)〉 철학

▶같은 듯 갈지 않은 단어들

• cute[kjuːt] (아이나 동물에 대하여) 귀여운, 예쁜, (여성이) 성적으로 매력적인

Loot at the cute little baby!
저 귀여운 아기 좀 보세요!

• hot[hɑt] 성적으로 매력적인

She's hot alright.
그녀는 정말 매력적이다.

• lovely[lʌ́vli] 사랑의 대상이 되는, 사랑스러운

You looks lovely in that posture.
너는 그 자세를 취할 때가 사랑스럽다.

• pretty[príti] (어린이 또는 여성이) 작고 귀여운, 예쁘장한

Your daughter is so pretty.
당신의 딸이 매우 귀엽습니다.

22 gossip
그 소문은 진짜일까 거짓일까

gossip[ɡásip/ɡɔ́s-]
① 잡담, 세상 이야기, 험담, 소문
② 수다쟁이, 허풍쟁이
③ 잡담하다, 수군거리다, 가십을 쓰다

메시지 전달의 전문가, 헤르메스

헤르메스는 제우스가 헤라가 깊이 잠든 사이에 머릿결이 아름다운 님프 마이아와 몰래 한 사랑 끝에 얻은 아들입니다. 신들의 전령인 헤르메스는 구름을 상징하는 둥근 모자와 목동의 지팡이를 지녔으며 날개 달린 황금 샌들을 신고 바람보다 빠르게 달리며 소식을 전했습니다. 이복형제인 아폴론을 따라 아버지 제우스를 만났을 때 헤르메스는 웅변가의 재능을 십분 발휘하여 제우스의 환심을 샀고 그 결과 올림포스의 전령으로 임명되었던 겁니다.

고대시대에는 왕국을 오가며 왕들 간 또는 군대 간 메시지를 전달하는 사람이 있었는데 그가 바로 전령이었습니다. 그들은 카두케우스caduceus라는 지팡이를 징표로 지니고 다녔는데 이것은 헤르메스의 카두케우스에서 유래된 것입니다. 헤르메스는 빠르게 움직여야 했기 때문에 모자, 신발, 심지어 지팡이에도 날개가 달려 있었죠. 태양계에서 가장 안쪽을 돌고 있는 행성의 이름 머큐리Mercury(수성, 머큐리는 헤르메스의 로마식 이름) 역시 헤르메스의 빠른 움직임에서 그 이름을 따온 것입니다.

고대 그리스인들은 헤르메스를 널리 숭배하였기 때문에 모든 갈림길에는 길 안내 표지판과 더불어 그의 신상을 세웠습니다. 빠른 운송을 바라는 마음 때문이었지요. 후대에 들어 헤르메스는 이동하는 모든 것을 관장하는 신으로 모셔졌습니다. 또한 로마인들은 헤르메스를 상업의 신으로 모셨는데 장사는 계산이 빨라야 한다고 생각했기 때문입니다.

메시지의 전달의 마케팅화

이와 같이 신화에 수록된 헤르메스 관련 이야기는 경제활동에 있어서 메시지의 빠른 전달과 확산의 중요성을 시사합니다. 필요는 발명의 어머니라고 했던가요. 왕래와 통신에 대한 필요는 교통통신 수단의 눈부신 발달을 가져왔습니다. 그 결과 오늘날 메시지 전달의 속도와 전파 범위는 상상을 초월할 정도로 진화된 모습을 자랑합니다. 이에 기업들은 인터넷 또는 SNS와 같은 통신수단을 마케팅에 적극 활용하고 있습니다. 최근 기업들이 사용하는 주요 마케팅 기법은 다음과 같습니다.

먼저, 바이러스 마케팅virus marketing입니다. 플래시 애니메이션 또는 동영상을 이용하여 필요한 정보를 퍼뜨리는 방법이죠. 예를 들어서 플래시 애니메이션 콘텐츠에 기업의 상품 홍보를 작게 달아 놓습니다. 그러면 그 콘텐츠를 본 사람들이 그것을 퍼다 나르거나 링크를 걸거나 이메일로 다른 사람에게 보내게 됩니다. 빠른 시간 내에 엄청난 속도로 퍼지게 되는 것이지요. 마치 공기를 타고 바이러스가 확산되듯이 말입니다. 기업은 누리꾼들이 정보를 전해주니 매스컴 광고비 중 상당한 액수를 아낄 수 있습니다.

두 번째는 버즈 마케팅buzz marketing입니다. 버즈 마케팅은 영어 단어 buzz(벌이 윙윙거리다)처럼 어떻게 해서라도 상품에 관련된 것이면 무엇이든 사람들이 이야기하도록 만드는 겁니다. 상품 자체에 관한 것이든 아니면 상품 홍보에 관한 것이든 사회적인 관심사로 떠오르게 만들어 사람들이 자꾸 이야기하게 만드는 마케팅 전략이지요. 그러다 보면 상품에 대하여 자연히 많은 사람들이 관심을 갖게 되지 않겠습니까.

세 번째는 커넥티드 마케팅connected marketing입니다. 대체로 마케팅은 기업이 소비자 쪽으로 하는 것이 보통입니다. 그런데 커넥티드 마케팅은 소비자와 소비자를 연결시켜 상품에 대한 관심을 나누게 만들어 그것을 진원지로 하여 상품에 관한 정보를 증폭시켜 퍼져 나가게 하는 것입니다.

네 번째는 커뮤니티 마케팅community marketing입니다. 커뮤니티 마케팅이란 미니 홈피, 블로그, 인터넷 카페와 같은 온라인 커뮤니티를 활용하여 기업과 상품의 정보를 알리는 것입니다. 기업들이 업종별로 상품 홍보를 위한 카페를 만들어 회원에게 다양한 혜택을 주는 등 회원을 관리하면서 카페를 운영하는 것이 그 예라고 할 수 있습니다. 그렇게 함으로써 기업과 상품에 관한 정보를 확산시키려는 것이지요.

부모 대리인에서 가십으로

고대 영어 godparent(대부모) ⇒ gossip(소문)

사실 알고 보면 이와 같은 메시지 전달의 문제는 어제오늘의 일이 아닙니다. 메시지 전달의 역사는 인류 역사만큼이나 오랜 역사를 갖고 있습니다. 인간은 생활 속에서 메시지 전달의 욕구를 갖게 되었고 그로 인해 언어를 갖게 된 것이 아니겠습니까? 입에서 입으로 전해지는 메시지, 바로 gossip입니다. gossip은 원래 고대 영어에서 god와 parent의 합성어인 godparent, 즉 '대부모'였습니다.

여기서 god은 게르만어 gudan 또는 gutham에서 나온 말입니다. 이것은 더 거슬러 올라가 인도유럽어 gher(부르다)에서 나온 것인데요. gher는 기독교로 개종한 게르만족이 그리스도의 조각상을 만들 때 술을 따르면서 신을 부르던 의식을 뜻하는 말이었습니다.

대부모인 godparent. 기독교 문화권에서는 아기가 태어나고 세례를 받을 때 godfather(대부)나 godmother(대모)가 아기의 신앙에 대하여 서약을 합니다. 아기의 친부모가 아기의 신앙생활을 잘못 이끌 경우에는 대부모가 친부모를 대신하여 계도를 하겠다는 약속입니다.

그런데 왕래가 뜸하던 그 옛날에 대부모는 새로 태어난 아기의 세례식에 참석하는 길에 소식을 전하는 전령의 역할을 했다고 합니다. 다시 말하면 세례식에 모인 사람들에게 마을 내의 소식은 물론 인근 마을에서 들은 소식들까지 전해주곤 했지요. 또한 그곳에 모인 사람들로부터 새로운 소식을 들으면 다른 곳으로 전하기도 했습니다. 그때 대부모들은 들은 그대로 소식을 전하기도 했지만 경우에 따라 자신의 의견을 가미하여 부풀리거나 변질시켜 전하기도 했을 겁니다.

원래 사람들은 자신이 주변의 모든 상황을 잘 알기 때문에 모든 것을 통제하고 있고 또 통제할 수 있다는 환상 오류에 빠져 있습니다. 그런데 주변의 상황이 불분명하여 자신이 주변을 장악하지 못하고 있을 때 사람들의 뇌는 결코 그것을 용납하지 않습니다. 어떡하든 통제력을 회복하려고 하지요. 그 해결책의 일환으로 상황을 설명할 근거, 즉 변명거리라도 찾아서 내놓게 됩니다. 만일 그렇게 하는 것이 여의치 않다면 사실을 날조해서라도 자신이 통제하고 있는 것처럼 해야 합니다. 대부모도 사람이기 때문에 어쩌다가 이야기를 날조하는 경우가 있었겠지요.

아무튼 이와 같은 대부모를 가리키는 말이 gossip이었습니다. 이것의 유래를 살펴보면 고대 영어에 sibb(=kinship, 친족)라는 명사가 있었는데 11세기에 들어 '세례식에서 보증을 서 주는 보호자'라는 의미로 godsibb이 사용되기 시작했습니다. 이것이 14세기에 들어 발음이 변하면서 godsibb은 gossib을 거쳐 gossip으로 변합니다. 그 과정에서 세례식과 관련된 대부모 외에 '후견인' 또는 '친구'라는 의미가 추가되었습니다. 그러다가 16세기에 들어서는 '잡담과 수다를 떠는 사람'이 되었고 그와 관련된 동사 '험담이나 뜬소문을 말하다'라는 의미로 쓰이게 되었지요.

세례식과 관련된 사람을 뜻하기 때문에 gossip에는 원래 god이라는 말이 들어 있었습니다. 그래서 그들은 신을 뒤에 업고 점점 자신을 과시하려고 말과 행동으로 허장성세를 일삼았을 겁니다. 그러다보니 그들은 사실을 부풀리기도 하고 또 왜곡시키기도 하면서 결과적으로 뜬소문을 지어내게 되었습니다. 마치 자신이 신이라도 된 것처럼 모든 것에 다 관여해야 한다는 환상 오류 때문에 gossip은 의미가 나빠졌습니다. 지나치면 모자라는 것만 못하다는 과유불급. gossip이 그에 해당하는 좋은 가십거리가 아닐까요?

Super↑
Standard super-(=above, 위에) / sur-(=over, 위에) / cred(=to
believe, 믿다) / the(o)(=god, 신)

credible[krédəbəl] 〈cred+-ible(=that can be)〉 믿을 수 있는, 확실한
supersede[sùːpəərsíːd] 〈super-+sed(=to sit)〉 대신하다, 폐지하다
surplus[sə́ːrplʌs] 〈sur-+plus(=added to)〉 여분, 과잉
surveillance[sərvéiləns] 〈sur-+veill(=to watch)+-ance(n. suffix)〉 감시, 경계
theism[θíːiz-əm] 〈the-+-ism(=doctrine)〉 일신교, 유신론
theology[θiːɑ́lədʒi] 〈theo+-logy(=science of)〉 신학

▶같은 듯 같지 않은 단어들

• fable[féibəl]   우화, 도덕적인 교훈을 전하는 짧은 이야기(특히 동물과 관련된
  것이 많음)

  My favorite is the fable of the race between the tortoise and the hare.
  내가 좋아하는 것은 거북이와 토끼의 경주에 관한 우화이다.

• legend[lédʒənd] 전설, 용감한 인물 또는 마법과 주술이 관련된 오래된 이야기

  The novel was based on several Irish legends.
  그 소설은 몇 가지 아일랜드 전설에 근거한 것이다.

• myth[miθ] 신화, 신 또는 주술적인 인물에 관한 아주 오래된 이야기

  My son enjoyed the stories about the gods and goddesses of Greek and Roman
  myth.
  내 아들은 그리스로마 신화에 나오는 남신과 여신에 관한 이야기를 좋아했었다.

23 mercy
모든 것은 마음먹기에 달렸소

> mercy[máːrsi]
> ① 자비, 연민
> ② 행운, 고마운 일
> ③ 마음대로 하는 힘

모든 것은 마음먹기 나름

불교의 『화엄경華嚴經』에 이런 경구가 있습니다. '만약 삼세 일체의 부처를 알고 싶다면若人欲了知三世一切佛, 마땅히 법계의 본성을 보아야한다應觀法界性. 모든 것은 오로지 마음이 만들어내는 것이다一切唯心造.' 이것은 『화엄경』의 중심 사상 중 하나로 여기서의 삼세불은 과거불, 현재불, 미래불을 말합니다. 삼라만상의 모든 사물의 이치는 마음으로 보는 것이며 마음에 달려 있다는 뜻이지요. 그런데 세상만사가 다 마음먹기에 달렸다는 말. 제법일체유심조라는 말을 쓸 때 생각나는 사람이 있습니다. 바로 불교 대중화에 앞장섰던 신라의 고승 원효대사元曉大師(617-686)입니다.

그는 생애 두 번 중국 당나라로 유학길에 오릅니다. 첫 번째는 당나라로 향해 길을 떠나 고구려 땅을 지나가던 중에 첩자로 오인 받아 구금되었다가 되돌아옵니다. 그로부터 십 년 후인 661년에 신라의 고승인 의상대사義湘大師(625-702)와 두 번째 유학길에 오릅니다. 그들은 걸어서 당나라로 가는 배를 타기 위해 포구로 향하던 도중, 비가 퍼붓고 날이 어두워져 주변의 토굴을 찾아서 비를 피했습니다. 토굴에서 잠을 자던 원효는 갈증을 느껴 잠결에 머리맡에 있던 바가지에 담긴 물을 마셨죠. 이윽고 날이 밝아 아침에 깨어보니 토굴은 무덤이었고 잠결에 마신 시원한 물은 해골바가지에 고인 물이었음을 알게 됩니다. 바로 그때 원효는 화엄경 경구의 의미를 깨닫습니다. 삼계가 오직 마음이고 앎의 영역이지만 마음의 바깥에서는 법이라는 것이 없는 것을 어찌 따로 구하겠는가 하면서 유학을 포기하고 돌아왔습니다. 사물 자체는 아무런 속성도 없으며 오로지 모든 것은 마음먹기에 달렸음을 깨달은 것이지요.

원효대사의 깨달음은 긍정적인 결과를 가져온 마음먹기의 사례이지만 우리 주변에는 마음먹기의 결과가 부정적으로 나타난 경우도 많습니다. 실제로 익사하는 사람들 중에는 자신의 키보다 얕은 물에서 익사하는 경우가 많답니다. 다리만 쭉 펴면 되는데 죽는다는 것을 두려워한 나머지 다리를 펴지 못해서 사고가 난다는 겁니다. 아무튼 어떻게 마음을 먹느냐에 따라 너무나 다른 결과가 나오는 것은 사실인가 봅니다. 1950년대에 이런 일이 있었다지요.

마음먹기의 부정적 결과

포르투갈에서 생산되는 포도주를 운반하는 영국 국적의 컨테이너 운반선이 스코틀랜드의 항구에 정박하였습니다. 한 선원이 짐들을 다 부렸는지 확인하기 위하여 냉동 컨테이너 안으로 들어갔지요. 그때 그가 안에 들어 간 것을 모르고 다른 선원이 밖에서 문을 닫아걸었습니다. 잠시 후 자신이 갇힌 사실을 알아챈 선원은 문을 두드렸지만 출항 준비에 바쁜 다른 선원들은 그 소리를 듣지 못했죠. 배는 그대로 스코틀랜드 항구를 출발하여 포르투갈로 향했습니다.

냉동실 안에 갇힌 선원은 죽음을 직감했습니다. 오래 버티지 못한다는 것을 알았지요. 하지만 냉동실 안에는 먹을 것들이 조금 있었고 우선 그것으로 배를 채웠습니다. 그리고는 쇳조각을 가지고 냉동실 벽에다 자신이 겪고 있는 일들을 기록하기로 했습니다. 참기 힘든 냉기, 손가락과 발가락이 얼어서 마비되는 과정, 나아가 온몸이 얼어서 얼음 덩어리가 되어 가는 죽음의 고통을 빼곡히 적었습니다.

얼마 후 배는 목적지인 포르투갈의 리스본 항에 도착했고 냉동 컨테이너를 점검하던 한 선원은 그 안에서 죽어 있는 선원을 발견했습니다. 그 선원은 놀라서 사람들을 불렀지요. 그 자리에 모인 사람들은 놀란 마음으로 죽은 선원이 냉동실 벽에 써 놓은 기록들을 읽어 내려갔습니다. 그런데 정작 놀랄 일은 따로 있었습니다. 선장은 스코틀랜드에서 출발하면서 냉동실에 화물이 없다는 사실을 알고 항해 내내 냉동실을 가동하지 않았습니다. 이상한 생각이 든 선장은 온도계를 가져와 냉동실 안의 온도를 확인하였습니다. 냉장실 온도는 섭씨 19도밖에 되지 않았습니다. 죽은 선원은 스스로가 춥다고 생각하고 자신에게 자꾸 최면을 걸어서 결국 상상 속에서 얼어 죽었던 것입니다.

우월감 환상, 워비곤 호수 효과

마음먹기의 부정적인 결과는 대체로 잘못된 선입견 때문에 생겨납니다. 앞서 말한 선원의 경우와는 조금 다르지만 근거 없는 자신감으로 자신을 과대평가하기도 합니다. 그렇게 되면 우월감의 환상에 빠져 자신이 매우 똑똑하고 능력 있는 사람인양 착각하게 됩니다. 미국의 심리학자 길로비치가 주장한 워비곤 호수 효과lake wobegon effect가 그 예가 되는데요. 워비곤 호수는 미국 작가인 개리슨 케일러Garrison Keilor의 작품에 나오는 가상의 장소입니다. 워비곤 호수 주변의 주민들은 모두 외모가 눈부신 선남선녀들이고 아이들은 모두 자신들이 천재라고 자부합니다. 이것은 어떤 근거에 의하여 입증된 사실이 아닙니다. 단지 자신을 평균 이상의 사람이라고 생각하는 것이 마음에 안정을 주고 정신 건강에 이롭기 때문이지요.

길로비치 교수는 워비곤 호수 효과 때문에 전체의 80%에 해당하는 사람들이 자신을 평균 이상의 사람으로 착각한다고 했습니다. 이런 우월감 환상은 직장이나 학교 또는 사회의 모든 영역에서 발견됩니다. 이 잘못된 우월감 환상은 단순한 사실 왜곡을 넘어서 교통사고라든지 범죄를 저지르는 등 심각한 결과를 초래할 수도 있습니다.

또한 기업에서는 개인의 우월감 환상을 역이용하여 개인에게 손해를 입히기도 합니다. 이를테면 기업은 직원 스스로가 자신이 받는 연봉을 숨기게 만듭니다. 그러면 사원들은 저마다 자신이 남보다 높은 연봉을 받고 있다는 근거 없는 우월감에 사로잡히게 되죠. 만일 연봉을 공개하게 되면 서로의 연봉을 비교해 볼 겁니다. 그렇게 되면 대부분의 직원이 불만과 위화감을 갖게 될 것이고 결국은 기업에 대하여 적대적이 되어 버립니다. 이런 이유 때문에 모든 기업들이 사원들의 개인별 연봉을 공개하지 않으려고 합니다. 그런데 불행하게도 대부분의 사람들은 자신의 편견을 알아채지 못하는 바이어스 블라인드 스팟bias blind spot에 빠져 있어 우월감 환상에서 벗어날 수 없습니다.

돈도 신의 자비가 될 수 있어

라틴어 mercēs ⇒ 고대 프랑스어 merci(임금, 보상) ⇒ mercy(자비)

글쎄요, 비록 환상이기는 하지만 자신이 최고 대우의 연봉을 받는다는 우월감이 정신 건강에 좋으니, 이것이 바로 신이 베푸는 자비인가요? 돈과 자비를 의미하는 어휘는 묘하게 얽혀 있습니다. 현대 영어 mercy는 중세 영어 merci에서 비롯된 것인데 이것은 고대 프랑스어 merci(임금, 보상, 선물), 또는 merces(상품)에서 나온 것입니다. 물론 이것은 더 거슬러 올라가면 라틴어 mercēs에서 유래된 것입니다.

그런데 6세기 무렵에 의미의 변화가 일어나 임금과 보상 등 돈에 관련된 의미는 mercenary(돈이 목적인, 용병)가 되었습니다. 어원은 같지만 좀 더 자세히 보면 merces(임금)에서 mercenarius(돈을 위해 하는 일, 노동)가 나왔고 여기에서 mercenary가 파생되었습니다.

그리고 merces에는 또 다른 의미가 생겨났는데요. 종교 작가들이 '동정심을 보여준 사람들에 대한 하늘의 보상'이라는 은유적 의미를 merces에 부여했습니다. 교역으로 인하여 부자 평민들이 생기고 시민 계급의 세력이 커지자 할 수 없이 교회는 상품 매매로 인한 이윤을 신의 은총이라고 인정하게 된 것이지요. 이것이 고대 프랑스어에서 merci(=kindness)가 되었다가 오늘날 현대 프랑스어에서 merci(=thank you)가 되었습니다.

또한 고대 프랑스어 merci는 영어에 유입되어 mercy가 됩니다. 이 mercy에서 merchant(상인)가 파생되었죠. 또한 com(=together, 함께)+merces(=ware, 상품)가 붙어서 commerce(상품)가 되었고, market(시장), mart(상업 중심지) 등과 같은 관련 어휘들이 나왔습니다.

부자가 천국에 가는 것이 낙타가 바늘구멍에 들어가기보다 더 어렵다는 성경 구절이 있습니다. 기독교에서는 이처럼 이익을 추구하여 치부하는 것을 경계해 왔습니다. 그래서 근검, 절약, 청빈 같은 것이 프로테스탄트들이 추구하는 덕목이었습니다. 하지만 사회가 변하고 사람들의 인식도 변했습니다. 근검과 절약이 미덕이 아니라 돈을 벌어서 소비하는 것이 미덕인 사회가 되었습니다. 돈에 대한 관점이 이제는 달라졌습니다. 하기야 그것은 어제오늘의 일이 아니라 그 옛날 그렇게 천시했던 돈을 신의 은총으로 인정할 무렵부터 그랬던 것 아니겠습니까? 그 증거가 바로 mercy니까요. 그야말로 모든 것은 마음먹기에 달렸습니다.

cap(t), cept, ceiv, cip(=to take 잡다) / merc(h)(=to trade 거래하다)

capable[kéipəbəl] 〈cap+-ible(=showing qualities of)〉 유능한, 능력 있는
commerce[kámərs] 〈com-(=together)+merce〉 상업, 거래, 교역
conceive[kənsíːv] 〈con(=together)+ceive〉 마음에 품다, 고안하다
deceive[disíːv] 〈de-(=down from)+ceive〉 속이다, 거짓말하다
incipient[insípiənt] 〈in-(=in)+cip+-ent(=-ing)〉 초기의, 발단의

▶같은 듯 같지 않은 단어들

• dwelling[dwéliŋ] 집, 주거, 주소

They have lived for twenty years in an old dwelling in downtown Seoul.
그들은 서울의 도심에 있는 낡은 집에서 20년째 살고 있다.

• habitation[hæbətéiʃən] 주소, 주택, 거주

There was no sign of habitation in the house.
그 집에는 거주한 흔적이 남아 있지 않았다.

• lodging[ládʒiŋ] 숙박소, 셋방, 하숙방

She found lodgings in the Kingston Road.
그녀는 킹스턴 로드에 거처 할 곳을 구했다.

• residence[rézidəns] 주거, 주택, 거주

He took up residence in London.
그는 런던에 주거를 정했다.

24 moon
이화에 월백하고 은한이 삼경인제

> moon[muːn]
> ① 달, 달빛
> ② 위성
> ③ 멍하니 생각다, 멍하니 보내다

화성인과 금성인

진화 심리학의 붐을 타고 대중들의 폭발적인 사랑을 받았던 책이 있습니다. 미국의 심리학자 존 그레이John Gray가 쓴 『화성에서 온 남자 금성에서 온 여자』인데요. 이 책은 작가가 결혼 생활의 파경을 맞게 된 2만 5천여 쌍의 부부를 상담한 후, 그 결과를 정리하여 엮은 것입니다. 작가에 따르면 남녀 간의 갈등은 남자와 여자가 화성과 금성에서 온 우주인만큼이나 서로 다른 차이 때문에 비롯된다고 합니다. 남자는 무엇 때문에 여자와 일정 거리를 두어야 하는지 여자는 왜 변덕스러워 보이는지 등 남녀 간의 차이를 다양한 실례를 통하여 보여주는 책이지요.

흔히들 여자의 마음은 바람결에 흔들리는 갈대와 같다고 합니다. 여자의 마음은 자신도 모르게 수시로 변합니다. 이를 옆에서 지켜보는 남자들은 어떡해서든 여자의 마음을 잡아주려고 덤빕니다. 하지만 그것은 상황을 더욱 악화시킬 뿐이지요. 흔들릴 만큼 흔들리다가 멈추고 싶을 때 알아서 멈추는 것이 여자의 마음인데, 자신이 원하지 않는 엉뚱한 데서 잡으려고 하니 안타깝게도 남자들의 빗나간 노력은 여자들의 반발심만 더할 뿐입니다.

이것이 다가 아닙니다. 남자들의 무모한 과잉 관여의 예는 또 있습니다. 사실 여자들이 불평을 늘어놓을 때는 남자들한테 그 답을 달라는 것이 아닙니다. 그냥 자신이 늘어놓는 푸념을 맞장구나 쳐주면서 들어달라는 것이지요. 그런데 남자들은 우월감의 환상에 빠져 여자들이 말하는 불만거리에 대하여 자꾸 답을 제시합니다. 그러면서 자신이 뛰어난 능력의 소유자임을 입증하려 합니다. 남자들의 이와 같은 성급하고 부적절한 개입은 여자들의 자가 치유를 방해하는 것입니다. 괜히 어설프게 주인공을 자처하다 사태만 악화시키는 꼴만 되는 것이지요.

여자의 변덕과 달의 모양

그런데 여자들은 왜 이렇게 변덕을 부릴까요, 왜 이렇게 감정 기복이 심할까요? 현대 의학에서는 그 원인을 여성 호르몬 에스트로겐에서 찾고 있습니다. 그것이 여성을 여성답게 변화시켜 남성과 차이가 나게 한다고 알려져 있습니다. 오늘날에야 과학의 발달로 여성의 심리 상태가 상세하고 정확하게 밝혀지고 있지만 이전까지는 비과학적인 속설이 많았습니다. 그 가운데 하나가 바로 여성에 관한 특이한 점들을 달과 연관시켜 설명하는 것입니다.

이를테면 태양은 형태가 일정하게 유지되는 것에 비해 달은 시간의 경과에 따라 초승달, 보름달, 그믐달로 형태가 변합니다. 그러니까 해에 비유되는 남성들은 대체로 불변의 존재로 인식되는 것에 반하여 여성은 달이 변하는 것처럼 가변성의 존재로 인식되었죠. 따라서 여성이 변하는 것은 그녀들의 숙명이며 그것을 달과 연관 짓는 경우가 많았습니다.

또한 사람들은 달의 형태에 따라 각각 다른 상징성을 부여했습니다. 달의 완성된 형태인 보름달은 신비스럽고 영험한 힘을 갖는다고 생각했습니다. 그래서 소설이나 영화에 등장하는 늑대 인간들도 초승달일 때는 온순하게 있다가 보름달이 뜨면 주체할 수 없는 광포한 힘을 갖는 것으로 묘사됩니다. 또 그믐달은 불길하고 악마적인 것을 뜻하며 반달은 죽음을 의미하는 것으로 여겨지고 있습니다.

이러한 달의 상징성을 잘 보여준 영화가 있습니다. 1987년으로 기억됩니다만 니콜라스 케이지Nicolas Cage와 셰어Cher가 주연한 〈문스트럭〉이라는 영화가 있었습니다. 보름달이 뜬 뉴욕 맨해튼을 배경으로 펼쳐지는 운명적인 사랑을 다룬 작품이죠. 작품 속에는 37살의 미망인 로레타, 그녀에게 청혼한 노총각 죠니, 그리고 죠니의 동생 로니가 등장합니다. 하지만 그들의 사랑은 운명의 장난처럼 엇갈립니다. 로레타는 그녀의 약혼자인 죠니가 아니라 죠니의 남동생인 로니와 사랑에 빠지게 됩니다. 우여곡절 끝에 로레타는 로니와 결혼을 하게 되는데요. 로레타와 로니가 격정적인 사랑을 나누는 장면에 보름달이 떠 있습니다. 보름달을 띄워서 주체할 수 없는 성적 충동과 광포한 동물적 욕망을 상징적으로 나타낸 것이지요.

달은 시간 측정의 척도이자 단위

산스크리트어 men-(측정) ⇒ 그리스어 mene
⇒ 라틴어 mensis ⇒ 고대 영어 mōna ⇒ moon(달)

변하는 모양에 따라 의미를 달리하는 moon은 원래 인도유럽어 조어 me-가 그 어원입니다. 그것이 고대 인도어라고 할 수 있는 산스크리트어에 들어서 '측정'이라는 의미의 men-으로 사용되었습니다. men-이 이런 의미를 갖게 된 배경에는 moon의 움직임을 보고 시간을 인지했었던 시절이 있었기 때문입니다. 고고학 연구에 따르면 인류는 석기시대부터 달의 주기를 측정했다고 합니다. 아무튼

men-이 그리스어 mene로 되었다가 라틴어에 유입되어 mensis가 되었고, 이것이 고대 영어로 들어와 mōna로 사용되었습니다.

또 라틴어 mensis가 고대 영어에 들어오면서 달의 공전 주기, 즉 '한 달'을 의미하는 monath도 생겨났는데 후에 month가 되었죠. 또한 mensis에서는 '여성의 생리주기'를 의미하는 menstruation도 파생되었는데 이것은 달이 지구 주위를 공전하는 주기와 일치함에 기인합니다.

moon과 연관된 어휘 중에 특이한 것으로 '신혼기간'을 의미하는 honeymoon 이 있습니다. honeymoon은 짧아서 아쉬운 보름달의 기간과 신혼의 첫 달을 비유한 어휘입니다. 다시 말하면 honeymoon의 moon은 month의 의미로 사용된 것이지요. 어쩌면 신혼부부의 사랑은 꿀처럼 달콤하지만 보름달이 금방 이지러지는 것처럼 곧 기운다는 의미인지도 모르겠습니다.

또한 달과 관련된 어휘로 lunar가 있습니다. 이것은 로마 신화 속에 등장하는 달의 여신 Luna(루나, 그리스 신화의 셀레네)와 연관된 것입니다. 원래 달을 의미하는 라틴어 lūna에서 두 개의 어휘가 파생되었는데요. 하나는 lūnāis(달과 관련된)로, 이것은 고대 프랑스어 lunaire를 경유하여 15세기에 영어로 유입되어 lunar 가 되었습니다. 지금도 lunar calendar(태음력), lunar month(태음월), 그리고 lunar year(태음년)과 같이 사용되고 있습니다.

또 하나는 lūnāticus(달에 사는)입니다. 이것은 고대 프랑스어에서 lunatique로 사용되다가 12세기 무렵에 영어로 유입되어 lunatyke(미친, 정신 이상의)로 사용되었습니다. 그리고 후에 lunatic이 된 겁니다. lunatic asylum(정신 병원), 그리고 lunatic fringe(열성 지지자, 광팬)가 그 예이지요.

앞서 나왔듯이 옛날 사람들은 시간 측정을 주로 자연에 의존했습니다. 해가 뜨고 지는 것, 달이 차고 기우는 것, 그리고 계절이 바뀌는 것에 의하여 시간을 측정했습니다. 이 중에서도 달의 움직임에 많이 의존했습니다. 해가 뜨고 지는 하루는 너무 짧은 시간 단위였고 또 봄에서 시작하여 여름, 가을, 겨울이 지나 다시 봄으로 순환하는 일 년은 너무 길었기 때문이었지요. 이에 비하면 초승달, 상현달, 보름달, 하현달, 그믐달로 모습을 바꾸어 나타나는 달의 모양을 보고 시간을 측정하는 것이 그나마 적절했을 겁니다.

그래서 달이 차서 기울었다가 다시 차오르는 주기를 단위로 삼아서 month라고 했습니다. 또한 네 개의 달 모습이 나타나는 주기가 7일인데 그것을 단위로 week가 생겼습니다. 그리고 여성들은 달의 모습이 변하는 것을 보면서 몸의 변화 주기를 읽었을 겁니다. 아무튼 시계의 발명으로 정확한 시간 측정이 이루어지기 전까지 사람들은 달을 쳐다보며 자신들의 시간을 재고 앞날을 생각했습니다. 마치 전기 조명이 발명되기 전까지는 달빛만으로 세상의 어둠을 밝힌 것처럼 말입니다.

luna(=moon, 달) / mo(o)n(=moon, 달) / sol(=sun, 태양; comfort, 위안; alone, 홀로)

console[kənsóul] ⟨con(=with)+sole(=comfort)⟩ 위로하다
lunate[lúːneit] ⟨luna+-ate(=having~)⟩ 달 모양의, 초승달 모양의
moonlet[múːnlit] ⟨moon+let(=small)⟩ 작은 위성
parasol[pǽrəsɔ̀ːl] ⟨para(=ward off)+sol(=sun)⟩ 양산, 파라솔
solarium[souléəriəm] ⟨sol(=sun)+-arium(=place)⟩ 일광욕실, 해시계

▶ 같은 듯 같지 않은 단어들

• charming[tʃɑ́ːrmiŋ] 매력적인, 호감이 가는

She can be very charming to her friends.
그녀는 그녀의 친구들에게 있어 굉장히 매력적일 것이다.

• lovely[lʌ́vli] 사랑스러운, 아름답고 매력 있는

You look lovely in that dress.
너는 그 옷을 입으면 사랑스러워 보인다.

• nice[nais] 멋진, 다정한, 훌륭한, 교양 있는

Mary's new boyfriend is a really nice guy.
메리의 새 남자친구는 정말로 멋진 녀석이다.

• sweet[swiːt] 상냥한, 친절한, 애교 있는, 귀여운

I think Jack is really sweet.
내가 생각하기에 잭은 정말 친절하다.

As darker grows the night, the moon emits a brighter ray.
어둠이 짙을수록 달빛은 더욱 밝다.

CHAPTER 2 _ in situ, 세상 속에서

155

25 penthouse
남이 하니 나도 한다

penthouse[penthaus]
① 벽에 붙여 비스듬히 내단 지붕
② 차양, 처마
③ 빌딩 옥상의 주택, 꼭대기 층. 옥탑

습관은 어쨌든 존속되는 것

'세 살 버릇 여든까지 간다'라는 우리 속담이 있습니다. 좋건 나쁘건 일단 몸에 붙어 습관이 되면 그것을 바꾸기가 힘들다는 뜻입니다. 그렇습니다. 코트나 재킷을 입을 때를 생각해 보면 알 수 있죠. 이미 어느 팔을 먼저 끼는지가 정해져 있을 겁니다. 오른쪽 팔을 먼저 넣는 습관이 들어 있는데 그와 반대로 왼쪽 팔을 먼저 끼우고 오른쪽 팔을 끼우려면 왠지 어색합니다.

하기야 우리만 습관이 붙는 것은 아닌가 봅니다.『삼국사기三國史記』에 보면 삼국을 통일한 김유신金庾信(595-673)이 타던 말도 그랬으니까요. 젊은 날 김유신은 천관녀와 사랑에 빠져 자주 그녀를 찾았습니다. 얼마 후 어머니로부터 훈계를 듣고 김유신은 천관녀와 절대로 만나지 않겠다고 맹세합니다. 그런데 어느 날 김유신이 말을 타고 가다가 깜박 졸았는데 말이 습관처럼 천관녀 집 앞으로 온 겁니다. 정신을 차린 김유신은 자신과의 약속을 어기게 만든 말을 단칼에 베고 맙니다.

김유신의 말도 말이지만 습관은 정말 무섭습니다. 그렇습니다. 습관은 바꾸기가 무척 힘듭니다. 그래서 프랑스의 철학자 라베송Ravaisson-Mollien, Félix(1813-1900)도 그의 저서 『습관에 대하여』(1839년)에서 이렇게 썼습니다. '습관은 그것을 낳은 변화를 넘어서서 존속하는 것'이라고 말입니다. 그 말인즉슨 습관이라는 것은 주위 환경이 변하더라도 그것과 상관없이 이어져 가는 것이라는 뜻이겠지요. 라베송의 이 말은 요즈음 세간의 주목을 끄는 뇌과학의 연구 결과로도 설명됩니다.

뇌과학 연구에 따르면 인간의 뇌는 새로 만들어지는 부분이 겉에 자리를 잡으면서 그 이전에 형성된 부분은 자연히 안쪽으로 들어가게 된다는 겁니다. 그러다 보니 가장 안쪽부터 오래된 된 뇌, 그다음 중간 뇌, 그리고 가장 겉에 신생 뇌의 구조를 이루게 된다는 것이지요. 그뿐 아니라 뇌과학자들은 뇌의 이런 부분들이 각기 다른 역할을 담당하게 된다는 사실도 알아냈습니다.

이를테면 오래된 뇌는 행동을 관장하고 중간 뇌는 정서, 그리고 새로 생긴 뇌는 합리적 사고를 맡게 된다는 겁니다. 그런데 중요한 것은 새로운 뇌가 만들어지는 순간 지금까지 겉에 있던 부분도 상대적으로 안쪽이 되면서 묵은 뇌가 된다는 것이지요. 뿐만 아니라 그때까지 겉에 있어서 합리적 사고를 맡고 있던 그 부분이 안쪽으로 이동하면서 결과적으로 행동을 관장하는 부분으로 바뀌는 것입니다. 말인즉슨 지금은 깊이 생각하고 결정하는 일들이라고 할지라도 시간이 점차 지나면서 아무 생각 없이 그대로 행동으로 이어지게 된다는 것이지요. 이것이 바로 습관이 형성되는 과정이라고 뇌과학은 설명합니다.

습관적으로 따라 하는 네트워크 효과

습관이 무섭다는 말이 무슨 뜻인지를 이해할만합니다. 습관적으로 익숙하다는 것 때문에 불합리한 것 또는 비효율적인 것들을 그대로 받아들이게 된다는 것이지요. 그런 사례 중 하나가 컴퓨터 키보드, 즉 쿼티 자판입니다.

쿼티 자판은 키보드의 맨 윗줄의 영문이 Q-W-E-R-T-Y로 되어 있어 붙여진 이름입니다. 그런데 사실은 이 쿼티 자판보다 드보락dvorak 자판이 훨씬 더 효율적입니다. 그럼에도 불구하고 쿼티 자판을 쓰는 이유는 딱 한 가지밖에 없습니다. 거의 모든 사람들이 쿼티 자판을 익혀서 사용하고 있기 때문입니다. 말하자면 네트워크 효과network effect 때문입니다. 네트워크 효과는 미국의 경제학자 라이벤스타인HarveyLeibenstein(1922-1994)이 주장한 마케팅 이론으로, 어떤 상품에 대하여 일정 규모의 수요가 형성되면 그것이 다른 사람들의 선택에 영향을 미치게 된다는 것이지요.

그래서 기업들은 신상품이 출시된 초기에 일정 규모의 소비자층을 형성하려고 온갖 노력을 기울입니다. 어떻해서든 어느 정도만 모이면 그 이후에는 저절로 따라오게 될 테니까요. 말하자면 밴드왜건 효과band wagon effect를 기대하는 겁니다. 밴드왜건 효과는 세계적인 축제로 자리매김한 브라질의 리오 축제를 떠올려 보면 쉽게 이해가 됩니다.

악대를 앞세워 축제를 이끄는 선두 그룹이 행진을 시작하면 몇몇 사람들이 그 뒤를 따르기 시작합니다. 그리고 시간이 지나면서 뒤따르는 사람의 수는 점점 불어나지요. 나중에는 별생각 없이 너도나도 따라가는 겁니다. 이렇게 사람들은 다수가 가는 곳으로 그냥 따라가는 경향이 있다는 것인데요. 다수를 모이게 하는 방법 중 하나가 바로 밴드를 앞세우는 것이라는 겁니다.

바꾸기 힘든 경로의존성

아무튼 남을 따라 하다 습관이 들었든 아니든 간에 일단 습관화가 이루어지면 그것을 바꾸기란 쉽지 않습니다. 마치 사물에 적용되는 관성의 법칙이 사람의 마음과 행동에까지 그대로 적용되는 것처럼 말입니다. 에스컬레이터를 이용할 때도 그렇지 않습니까?

처음에는 에스컬레이터 두 줄 타기를 권장했습니다. 서 있을 사람들은 오른쪽에, 급한 용무가 있는 사람들은 왼쪽에 타서 에스컬레이터가 움직이는 동안에도 걸어갈 수 있도록 했습니다. 그런데 이제는 기계 고장을 이유로 왼쪽에 탄 사람도 걷지 말고 서 있으라고 합니다. 하지만 아직까지는 별 효과가 없다고 하지요. 이미 왼쪽에 서는 사람은 걷는 것으로 습관화되었기 때문입니다.

이와 같이 사람들은 한번 익숙해지면 그것이 아무리 비효율적이거나 잘못된 것이라도 그것으로부터 벗어나기 힘든데, 이러한 경향을 일컬어 경로의존성path dependency이라고 합니다. 미국 스탠퍼드 대학의 폴 데이비드Paul A. David와 브라이언 아서Brian Arthur 교수가 주장한 것으로 쿼티 자판의 사용도 그들이 든 예 중 하나입니다. 글쎄요, 시간이 지나면 지날수록 경로의존성이 심해져 사람들이 점점 보수화되는지도 모르겠습니다. '그냥 하던 대로 하지. 그게 편하잖아.' 뭐 이런 것 아니겠습니까? 그런데 이것을 방증이라도 하듯이 언어에도 그런 예가 있습니다. 바로 penthouse가 그런 경우입니다.

penthouse는 언어의 경로의존성

고대 프랑스어 apentis(덧붙여진 것)
⇒ pentis(덧붙여진 주거 공간) ⇒ penthouse(꼭대기 층)

아시다시피 penthouse는 고층 빌딩의 맨 꼭대기 층 아파트입니다. 엄밀히 따지면 건물 꼭대기 층의 아파트는 독립된 주거 시설을 뜻하는 house는 아니잖습니까. 그런데 왜 -house라는 말이 붙었을까요? 원래 penthouse는 고대 프랑스어 apentis에서 온 것인데 '덧붙여진 것'을 뜻하는 말이었습니다. 영어에 비슷한 어휘로 '부록'이나 '맹장(막창자 꼬리)'을 뜻하는 appendix가 있습니다. 이것의 기원을 살펴보면 '매달린다'는 의미의 라틴어 pendere에서 파생된 것입니다. 본체에 매달린 것, 또는 본래의 것에 달린 덤을 뜻하는 말이죠.

　그렇다면 apentis는 어떻게 penthouse로 되었을까요? 그 과정은 이렇습니다. 13세기 전후 무렵 apentis가 영어에 유입된 이후에 a-가 탈락하고 pentis로 축약되었습니다. 그런데 pentis는 '덧붙인 주거 공간'을 지칭하는 말로 쓰였기 때문에 당시 사람들은 pentis의 어미 -is가 필시 house일 거라고 생각했습니다. 이와 같은 생각은 언어에 반영되어 발음과 철자까지 바꾸어 놓았습니다.

　아무리 그렇기로 지상의 본채 건물에 덧붙여지은 공간도 아니고 더구나 고층 건물의 옥상에 지어진 주거 공간을 house라고 하는 것은 어폐가 있지 않을까요? 이와 같이 사람들의 상식과 보편적 사고를 뒤엎는 현상을 설명하기란 쉽지 않은데요. 아쉬운 대로 이 비논리적인 현상을 설명하는데 끌어다 댈 수 있는 준거가 바로 경로의존성입니다.

　왜냐하면 언어를 사용하는 사람들은 경로의존성을 갖고 있기 때문입니다. 다시 말하면 타성에 젖어 지금까지 해 왔던 방식을 그대로 고수하려 합니다. 그러니 주거 시설을 house라고 해 왔기 때문에 주거 시설이 어디에 있든 일단 house 입니다. 또한 나무, 콘크리트 등 어떠한 건축자재로 지었든 주거 공간이면 모두 house입니다. 그러니 심지어 비닐로 지어도 비닐하우스 아닙니까?

pend, pens(=to weigh, 무게를 달다; hang, 매달다)

append[əpénd] 〈ap-(=to)+pend〉 매달다, 걸다, 덧붙이다
dispense[dispéns] 〈dis-(=away)+pens〉 ~없이 지내다, 분배하다, 조제하다
expend[ikspénd] 〈ex-(=out)+pend〉 (시간, 노력, 돈을) 쓰다, 소비하다
pendant[péndənt] 〈pend+-ant(=-ing)〉 매달린, (문제가) 미결의, 매달린 것
suspend[səspénd] 〈sus-(=under)+pend〉 매달다, 걸다, 중지하다, 보류하다

▶같은 듯 같지 않은 단어들

• dealer[díːlər] 상인, 마약 판매인

He was one of the largest London art dealers.
그는 런던의 최대 미술품 판매상 중 한 사람이다.

• peddler[pédlər] 행상인, 마약 판매인

He was a mere peddler who travelled to different places to sell small goods.
그는 작은 물품들을 팔러 이곳저곳을 다니는 행상인이었다.

• pedestrian[pədéstriən] 보행자

Madison Square is open to cyclists and pedestrians today.
매디슨 광장이 오늘 사이클 타는 사람들과 보행자들에게 개방된다.

• pusher[púʃər] 강매하는 사람, 마약 밀매꾼

He was arrested for acting as a carrier for drug pushers.
그는 마약 밀매꾼들의 운반자로 활동한 혐의로 체포되었다.

He is like a bell that will go for every one that pulls it.
그는 누가 줄을 당기든 울리는 종과 같다.

26 posse
그들만의 리그

posse[pási/pɔ́si]
① 보안대, 경찰대, 수색대
② 가능성, 잠재력
③ (이해관계가 같은) 군중

탄탄한 유대로 영향력을 행사하는 화교

몸집이 작은 포유류가 공룡 같은 거대 파충류나 사자와 같은 맹수들 틈에서 오늘날까지 생존해 올 수 있었던 것은 서로를 잇는 친밀한 유대감 덕분입니다. 따지고 보면 인류도 그렇습니다. 그 가운데 남다른 유대감을 자랑하는 민족은 유대인이겠지요. 그러나 유대인 못지않은 그룹이 또 하나 있습니다. 외국에서 살아가는 중국 사람들. 바로 화교華僑입니다. 세계적으로 3천6백만 명이 넘는 것으로 알려진 화교는 진출하는 곳마다 차이나타운을 건설하며 세계 곳곳으로 활동무대를 넓혀가고 있습니다. '바닷물 닿는 곳에 화교가 있다'는 말이 이를 잘 보여 줍니다.

중국 사람들의 해외 진출은 12세기 남송시대부터 시작된 것으로 알려져 있는데요. 본격적인 진출은 명나라가 들어선 14세기 이후로 보고 있습니다. 중국인들은 그들 특유의 단결력, 부지런함 그리고 뛰어난 상업 수완으로 가는 곳마다 상권을 장악하였고 그것을 바탕으로 막강한 영향력을 행사하고 있습니다.

화교의 첫 정착지이자 거점이 된 동남아시아의 경우를 보면 그 실상이 어느 정도인지 알 수 있습니다. 동남아시아에서 화교의 인구는 전체의 10%가 채 안 되지만 그들은 동남아시아 전체 교역량의 70%를 담당하고 있습니다. 그러니 동남아시아 전체 부자의 86%가 화교인 것도 놀랄 일은 아니지요. 뿐만 아니라 전 세계적으로 화교가 좌지우지하는 자본이 적어도 2조 달러가 넘는다고 합니다. 화교는 이제 유대인과 함께 국제 사회에서 무시할 수 없는 그룹이 되었습니다. 화교가 이렇게 막강한 집단이 된 배경에는 공동체 의식에서 비롯된 탄탄한 유대 감과 그들이 보유한 막강한 자금력이 있었습니다.

조직과 결속의 대명사, 마피아

결속력을 바탕으로 대내외의 영향력을 키워나가는 거대 집단 화교. 그런데 결속력과 조직력 같은 말을 들으면 생각나는 단어가 있습니다. 마피아! 바로 그겁니다. 마피아는 1960년대와 70년대에 마약 밀매와 관련된 갱 영화의 소재로 많이 등장했었지요.

원래 마피아는 중세 말에 이탈리아의 시칠리아를 근거지로 처음 생겨난 조직입니다. 시칠리아는 이탈리아 반도 서남단에 위치한 지중해에서 가장 큰 섬으로, 워낙 외세의 침략에 시달려서 그런지 시칠리아 사람들은 유달리 배타성이 강했습니다. 마피아라는 비밀조직도 원래는 외세에 대항하기 위해서 토착민들이 만든 군대 조직이었습니다.

그러나 누가 뭐라 해도 마피아라고 하면 19세기 말에서 20세기 전반에 걸쳐 조직적인 밀수, 도박, 마약 거래, 청부 살인 등 미국 사회에서 반사회적인 범죄를 저질렀던 범죄 집단을 가리킨다고 할 수 있습니다. 이들은 엄격한 위계질서에 의한 조직력을 바탕으로 각종 이권 사업에 뛰어들어 막대한 부를 축적하였습니다. 그러나 그들의 화려했던 날도 1960년대를 거치며 사라져 갔지요. 혹자는 마약이 있는 한 마피아는 없어지지 않을 것이라고 합니다. 하지만 영화 속에서나 볼 수 있는 그들의 모습이 다시 재연될 가능성은 낮아 보입니다.

마피아의 함정은 집단 사고

현실에서도 그랬겠지만 영화를 보면 마피아 단원들은 우두머리의 말에 따라 일사불란하게 움직입니다. 아무리 불합리하고 터무니없는 말이라고 해도 이의를 제기할 수 없습니다. 그래서 가끔은 그들의 무모한 행동이 어처구니없는 결과를 낳기도 합니다. 이른바 집단 사고group think가 만들어 내는 폐단의 본보기인 셈이지요. 이렇게 비슷한 성향의 사람끼리 도출한 편협한 의견을 마치 객관적인 것으로 오인한 결과, 이의 제기나 대안 분석을 할 수 없게 하고 또 도출된 결과에 대해서 무조건 합리화하는 것을 집단사고라고 합니다.

미국의 심리학자 어빙 재니스Irving Janis의 말에 따르면 지나칠 정도로 구성원의 결속을 강요하는 분위기, 외부 의견의 철저한 차단, 긴급 사태로 인한 위기감 등이 집단 사고를 부추기는 요인이 된다고 합니다. 이러한 집단 사고는 개인적인 또는 사회적인 문제로 비화되어 부정적인 효과가 나타나는 것이 보통이지만 때로는 국가 차원의 중대한 문제가 발생하기도 합니다. 그 대표적인 예가 바로 피그만The Bay of Pigs 침공 사건이죠.

미국은 케네디 대통령 집권 초기인 1961년에 쿠바 피그만을 침공합니다. 카스트로를 수반으로 하는 쿠바의 사회주의 정권을 전복시키려는 것이 그 목적이었죠. 그런데 이 작전은 완전히 실패했습니다. 1천4백여 명의 상륙부대 병력 중 1백 명은 현장에서 사살되었고 나머지 부대원은 거의 포로가 되었지요.

당시 침공 지점에는 넓은 늪지가 있어 침투가 쉽지 않은 곳이었지만, 미 행정부는 이를 제대로 확인하지 않고 그대로 밀어붙였습니다. 당시 미국의 최고 전략가들이 벌인 일이라고는 믿기지 않는 어처구니없는 실수였습니다. 당시 안보

보좌관이던 슐레진저Arthur Meier Schlesinger Jr.(1917-2007)는 작전 회의 때 여러 가지 문제점들을 발견했지만 적극적으로 그것을 반대하지 못했다고 말했습니다. 회의에 참석했던 각료 중 어느 누구도 반대하지 않았기 때문에 괜한 반대로 미움만 살 것 같아서 자신도 아무 말도 하지 않고 조용히 있었다는 겁니다.

이와 같은 집단 사고의 폐해를 막으려면 단 한 사람이라도 다른 사람의 눈치를 보지 않고 소신껏 의견을 말하는 사람이 필요합니다. 이런 사람을 데블즈 애드버킷devil's advocate이라고 하는데요. 의도적으로 반대 의견을 피력하면서 선의의 비판자 역할을 자처하는 사람입니다. 이 명칭은 가톨릭 성인 추대 심사를 할 때 추천된 후보를 비판하는 역할을 맡은 사람을 악마라고 한데서 유래되었다고 합니다. 탄탄한 결속력으로 다져진 그룹은 일사불란한 추진력으로 놀라운 결과를 가져올 수도 있지만 자칫 그 추진력이 촉발시키는 집단 사고 때문에 엄청난 폐해를 가져올 수도 있습니다.

집단은 곧 힘

라틴어 potis esse(=to be able)(할 수 있다) ⇒ posse(보안대)

이렇게 한마음 한뜻으로 뭉쳐진 집단은 무서운 힘을 갖습니다. 그것은 posse와 묘한 관련이 있습니다. '무리' 또는 '패거리'를 뜻하는 posse는 '할 수 있다'라는 의미의 라틴어 동사였습니다. 이는 potis esse(=to be able, 할 수 있다)에서 나온 것으로, 이 중 potis(=able, 할 수 있는)는 인도유럽어의 어간 pot-에서 파생된 것입니다. 또한 pot-로부터 '우두머리'라는 의미의 산스크리트어 pati-와 리투리아어 patis가 나오기도 했지요.

중세 라틴어에서 posse는 명사로서 '권력' 또는 '힘'이라는 의미를 갖게 되는데 '국가'라는 의미의 comitātus와 합쳐져 '공권력'이라는 뜻의 posse comitātus

가 쓰이게 됩니다. 즉, 시위대나 저항 세력을 진압하기 위하여 사용되는 경찰이나 치안을 맡은 경비대의 힘을 일컫는 말이지요. 그런데 17세기 말에 posse comitātus는 축약되어 posse로 사용되었는데, 이 어휘는 18세기와 19세기에 전성기를 맞습니다. 미국의 서부 개척 시대에 gang을 만나 그 진가를 발휘하게 되죠. 그러다가 서부 시대의 퇴장과 함께 사라졌다가 최근 다시 등장했습니다.

possible도 라틴어 posse에서 유래된 어휘입니다. 라틴어 posse에서 그것의 형용사인 possibilis가 나왔고 이것이 고대 프랑스어 possible를 거쳐 영어에 유입되었습니다.

또한 posse는 고대 라틴어 potēre에서 비롯되었는데 그것의 현재분사 형태인 potēns가 posse의 현재분사로도 쓰였습니다. 그러다가 어간인 potent-로부터 영어 어휘 potent(강한, 힘이 센), potentate(강한 통치자, 지배자), 그리고 potential(가능성 있는, 잠재적인)이 만들어져 사용되었죠. power(힘) 또한 라틴어 potēre에서 나온 것이지요.

posse는 '무리' 또는 '치안대'를 뜻하는 어휘입니다. 하지만 posse의 파생 과정을 살펴보면 그 속에는 우두머리, 패거리, 힘, 할 수 있다 등의 의미가 연관되어 있음을 알 수 있습니다. 그 의미를 연결해 보면 우두머리가 있는 몇몇 사람들의 무리가 힘을 갖고 있어서 무엇이든 할 수 있다는 의미가 만들어집니다. 예를 들어 보안관과 보안대처럼 좋은 일을 하는 경우이면 상관없습니다. 그런데 그렇지 않은 경우라면 그 안에 데블즈 애드버킷, 그러니까 선의의 비판자가 한 명쯤은 꼭 있어야 진정한 potent posse라고 할 수 있지 않을까요?

duc(t)(=to lead, 이끌다) / pot, poss(=to be able, 할 수 있다)

deduce[didjúːs] ⟨de-(=down, away)+duc⟩ 연역하다, 추론하다
induce[indjúːs] ⟨in-(=in)+duc⟩ 꾀다, 권유하다, 유발하다
omnipotence[ɑmnípətəns] ⟨omni(=all)+pot+-ence(=quality)⟩ 전지전능한
potence[póutəns] ⟨pot+-ence(=quality)⟩ 힘, 세력, 권력, 효능
reduce[ridjúːs] ⟨re-(=back)+duc⟩ 줄이다, 축소하다

▶같은 듯 같지 않은 단어들

• check[tʃek] 옳고 그름을 조사(점검)하다

Doctors are trying to check the spread of the disease with drugs.
의사들은 약을 가지고 그 질병의 확산 여부를 조사하려고 한다.

• examine[igzǽmin] 무언가를 알아내기 위해 주의 깊게 살펴보다

The police are examining the car accident site.
경찰은 자동차 사고 현장을 살펴보고 있다.

• inspect[inspékt] 현지 방문 등을 통해 조사하다

Some insurance people have already been here to inspect the damage caused by the fire.
몇몇 보험 회사 직원들이 화재에 의한 손해를 조사하기 위하여 이미 이곳에 와 있다.

• test[test] (능력, 품질, 만족도 등을) 조사하다

This section tests your language skills.
이 부분은 너의 언어적 능력을 측정하는 것이다.

All on one side like Bridgenorth election.
브리지노스 선거처럼 모두가 한 편이다.

CHAPTER 2 _ in situ, 세상 속에서

167

27 rival

우열을 가리기 힘든 영원한 맞수

$$
\begin{array}{l}
\text{rival[ráivəl]} \\
\text{① 경쟁자, 적수} \\
\text{② 필적할 사람, 호적수} \\
\text{③ 경쟁자의} \\
\text{④ 경쟁하다, 필적하다}
\end{array}
$$

다윗과 골리앗의 싸움

상대가 안 되는 싸움이라는 의미로 다윗과 골리앗의 싸움이라는 말이 있습니다. 하지만 예상과는 반대로 절대 열세였던 다윗의 승리로 끝이 난 싸움이었습니다. 어쨌든 다윗과 골리앗은 오늘날 겉보기에 상대가 안 되는 일방적인 싸움을 가리키는 말이 되었습니다.

다윗은 구약성서에 나오는 인물로 고대 이스라엘의 두 번째 왕입니다. 예루살렘에 도읍을 정하고 주변 부족들을 통합하여 이스라엘을 발전시킨 왕이지요. 우리에게 잘 알려진 솔로몬 왕의 아버지이기도 합니다. 예언자 사무엘이 첫 번째 왕이었던 사울을 쫓아내고 다윗을 왕으로 추대한 것이죠. 다윗이 골리앗과 싸운 것은 그가 왕이 되기 전에 있었던 일입니다.

다윗이 왕이 되기 전 이스라엘은 지금의 팔레스타인 지방에 살던 블레셋이라는 부족과 전쟁을 하게 됩니다. 이때 블레셋의 장수가 바로 골리앗으로 키가 3m에 달하는 거인이었습니다. 양쪽 군대가 진을 치고 대치하는 가운데 블레셋 쪽에서 이 엄청난 거구의 거인 장수가 나타나 자신을 대적할 자가 있다면 나오라고 소리를 질렀습니다. 거인의 모습에 기가 죽은 이스라엘 진영에서는 아무도 그와 대적하려 하지 않았습니다.

그때 정규 군대의 군인도 아닌 양치기 소년이 골리앗 앞에 나타났는데 그가 바로 다윗입니다. 골리앗은 작은 소년이 나서자 어이가 없어 웃음을 터트렸죠. 다윗은 골리앗의 비웃음에 전혀 아랑곳하지 않고 신에게 기도를 올렸습니다. 그는 기도를 마치자 돌멩이를 집어 골리앗을 향해 힘껏 던졌고 그 돌은 눈 깜박할 사이에 날아가 골리앗의 이마에 깊이 박혀 골리앗은 비명을 지르며 그대로 꼬꾸라져 죽게 됩니다. 이 틈을 타서 이스라엘군은 공격을 감행해 승리를 거둘 수 있었습니다.

경쟁에서 이기기 위한 전략

국가 간의 전쟁, 작게는 기업이나 개인 간의 경쟁에서 이기는 것은 중요합니다. 그것이 사활을 건 생존경쟁일 경우는 특히나 더 그러하겠지요. 그래서 예로부터 『손자병법孫子兵法』 같은 병법서가 전해 내려왔고 경제가 중요한 비중을 차지하게 된 오늘날에는 더욱더 기업의 경영 전략이 세인들의 높은 관심을 끌게 되었습니다.

그 가운데 단연 주목을 받고 있는 것은 마이클 포터Michael Eugene Porter 교수의 경쟁우위 전략입니다. 기업이 경쟁에서 살아남을 수 있는 생존 방법 세 가지를 제시한 것으로 그는 기업이 이 세 가지 전략 중 어느 하나도 취하지 못하고 어정쩡한 상태로 있게 되면 경쟁에서 도태되어 사라지게 된다고 하였습니다. 그가 제시한 세 가지 전략은 이렇습니다.

먼저, 원가 우위 전략cost leadership strategy입니다. 동일한 제품을 경쟁업체보다 더 낮은 가격으로 공급할 수 있도록 하는 것입니다. 여러 가지 방법을 통하여 동종업계에서 최저 원가 생산자가 된다면 어떠한 대체재가 나오더라도 또 어떠한 신규업체가 진출하더라도 살아남을 수 있다는 겁니다. 저가 항공사나 대형마트 등이 좋은 예입니다.

두 번째는 차별화 전략differentiation strategy입니다. 제품 또는 서비스에 있어서 경쟁업체와 구분되는 자신만의 특징을 부각시키는 전략입니다. 기업의 고품격 브랜드 전략이 대표적인 예이지요. 소비자는 차별화된 제품에 대해서는 더 많은 돈을 주고라도 자신이 선호하는 브랜드를 구매하는 경향이 있습니다. 벤츠나 스타벅스가 그 예라고 할 수 있지요.

세 번째는 집중화 전략focus strategy입니다. 이것은 기업이 특정 구매자 집단이나 특정 시장에 기업의 역량을 집중하는 것입니다. 기업이 모든 고객을 다 만족시키려 보면 결국 아무도 만족시키지 못하는 결과를 낳게 됩니다. 그래서 기업은 자신에게 맞는 시장에 집중하여 모든 역량을 쏟아 넣어야 성공을 할 수 있습니다. 미국의 사우스웨스트 항공사가 대표적인 예입니다. 이 항공사는 미국의 유수 대형 항공사에 비하면 규모가 작기 때문에 자신에 맞는 단거리 노선에 주력해서 성공을 거두었습니다.

하지만 오늘날의 시장 상황은 이미 같은 업종 간의 경쟁으로 끝나지 않습니다. 예를 들어 스포츠용품을 만드는 나이키의 경쟁 상대는 물론 아디다스 같은 기업입니다. 하지만 아디다스 못지않게 나이키가 신경을 써야 하는 경쟁 상대는 따로 있습니다. 얼마 전 나이키는 경영 혁신안을 짜면서 그 안에 애플이나 닌텐도와 같은 기업을 경쟁상대에 포함시켰습니다. 그 이유는 예전에는 나이키가 생산한 스포츠용품을 소비하며 운동하던 고객들 중 다수가 이제는 게임기나 게임용 소프트웨어에 돈을 쓴다는 것이지요. 그러니 나이키가 의식해야하는 상대는 동종의 업체가 아닌 전자업종이나 게임업종의 기업이 되었습니다.

국제 관계의 다변화로 우방국과 적대국이 분명하지 않게 된 것과 마찬가지입니다. 어쨌든 기업의 경쟁 관계에 있어서 업종 간의 경계가 허물어진 사회를 액체 사회liquid society라고 하는데요. 그 경쟁사회를 구성하는 구성원들이 명확히 구분되지 않고 액체와 같이 서로 섞여 버린다는 뜻입니다.

강을 놓고 싸운 상대, 라이벌

라틴어 rīvus(개천) ⇒ rīvālis(강물을 끌어다 쓰는 사람들)
⇒ river(경쟁자)

경쟁 상대가 모호해진 것은 인간 사회에 있어서도 공통적인 현상이 되어 갑니다. 기업에서의 라이벌도 그렇지만 사랑을 놓고 다투는 라이벌도 언제 어디에서 나타날지 모릅니다. 지금은 그렇지 않지만 원래 '상대' 또는 '적'이라는 의미의 rival은 강을 사이에 두고 나타났었습니다.

rival은 '시내' 또는 '개천'을 뜻하는 rīvālis가 중세 프랑스어를 거쳐 16세기 후반에 영어로 유입된 것입니다. 이 rīvālis는 라틴어 rīvus에서 파생된 것인데 '강의 양쪽에 살면서 강물을 끌어다 쓰는 사람들'을 지칭하는 어휘였습니다. 같은 물을 끌어 쓰다 보니 사이가 좋을 리 없겠죠. 그래서 이들은 늘 서로 다투게 되는 상대였지요. 그 때문에 rival은 선의의 경쟁자라는 의미도 있지만 대체로 좋지 않은 어감으로 사용되는 것이 보통입니다.

rival을 생겨나게 한 river(강)는 어원상으로 rival과는 아무런 연관성이 없습니다. river는 '강둑'을 의미하는 라틴어 ripa에서 파생되어 고대 프랑스어 riviere로 사용되었는데 '강가의 땅'이나 '강둑'을 의미하는 것이었습니다. 프랑스의 항구 도시 니스에서 이탈리아의 라스페치아에 이르는 관광 휴양지 리비에라를 생각해 보면 이 어휘가 물과 관련 있음을 알 수 있습니다.

어쨌든 이것이 13세기쯤 영어에 유입되어 river가 되었습니다. river는 농경 사회에서 농사와 관련된 중요한 요소였기 때문에 늘 분쟁거리가 되었고 나아가 이것이 부족의 경계나 국경이 되기도 하였습니다. 그 때문에 river를 건너는 일은 죽음을 뜻하는 것이었지요. 그래서 지금도 cross the river는 '죽다'의 의미로 쓰입니다.

derive(이끌어 내다)와 arrive(도착하다) 또한 river와 관련된 어휘입니다. 먼저 derive는 라틴어 dērīnāre(개울물을 끌어오다)에서 고대 프랑스어 deriver를 거쳐 14세기 후반 영어에 유입된 것이며, arrive는 ad(=to, 쪽으로)+ripam(=shore, 강가)의 라틴어 adripam이 고대 프랑스어 arriver를 거쳐 중세시대에 영어로 유입되었습니다. 중세 영어로 유입된 후 ariven의 형태로 쓰이다가 14세기에 이르러 오늘날과 같은 의미를 갖게 되었습니다.

river 때문에 rival이 된다는 것은 예전 우리 역사에서도 찾아볼 수 있습니다. 한강 유역을 차지하기 위해 고구려, 백제, 신라가 다투었던 때가 있었습니다. 물론 한강 유역이 교통의 요지이기도 했지만 비옥한 한강 유역의 농경지와 농업용수의 확보 때문이었겠지요. 오늘날에도 중앙아시아의 몇몇 국가들 간에도 강을 사이에 두고 수자원 이용에 관한 분쟁이 계속되고 있습니다. 그런데 이제는 강이 아니라 바다를 놓고 다투고 있습니다. 이를테면 우리나라와 일본 사이에는 독도, 또 중국과 일본 사이에는 센카쿠 열도(중국명 다오위다오)를 놓고 국경 분쟁이 일고 있습니다. 바다 때문입니다. 이제는 river가 아니라 sea 때문에 rival이 되었으니 이런 경우는 rival이 아니라 뭐라고 해야 하나요?

de-(=down from, 아래로; away from, 멀리 떨어져; reverse, 반대의; completely, 철저하게)

declaim[dikléim] 〈de-(=completely)+claim(=to shout)〉 변론하다, 낭독하다
decompose[dìːkəmpóuz] 〈de-(=reverse)+compose〉 해체하다, 부패시키다
demote[dimóut] 〈de-(=down)+mot(=to move)〉 ~의 지위를 떨어뜨리다
descend[disénd] 〈de-(=down)+scend(=climb)〉 내리다, 떨어뜨리다, 계통을 잇다
detach[ditǽtʃ] 〈de-(=away)+tach(=a nail)〉 떼어내다, 분리하다

▶같은 듯 같지 않은 단어들

• assistant[əsístənt] 하위직급자

He got a job as assistant manager at A-Mart.
그는 에이마트에서 부팀장의 직을 갖고 있다.

• chief[tʃíːf] 우두머리, 장

They offered him the position of editor-in-chief.
그들은 그에게 편집장 직을 제안하였다.

• senior[síːnjər] 조직에서 중요한 자리에 있는 사람, 요원, 상사

He has five years' experience at senior management level.
그는 5년의 고위 경영직 경험을 갖고 있다.

• top[tɑp] 어떤 업종에서 아주 뛰어난 사람

She's at the top of her profession.
그녀는 자신의 직종에서 일인자의 자리에 있다.

Canterbury's the higher rack, but Winchester's the better manger.
캔터베리 여물통은 높아서 좋고 윈체스터 여물통은 질이 좋다. 즉, 우열을 가릴 수 없다.

CHAPTER 2 _ in situ, 세상 속에서
173

28 salary
하찮으나 중요한 생필품

[
salary[sǽləri]
① 봉급, 급료
② 봉급을 주다
]

하찮아 보이지만 꼭 필요한 소금

건강한 식생활을 언급할 때면 반드시 등장하는 것이 소금입니다. 소금은 체내로 흡수되어 혈액을 비롯한 체액의 농도를 조절하여 우리 몸이 평형 상태를 유지하게 합니다. 그런데 소금은 양날의 칼이기도 합니다. 음식의 맛을 내고 체내 평형을 이루기 위해서 반드시 필요한 것이기도 하지만 과다 섭취되면 건강을 해칠 수 있는 것이 바로 소금이기 때문입니다.

아무튼 생명을 유지하는 데 있어서 물 만큼이나 소금은 필수품이었기 때문에 예로부터 소금을 구하기 위하여 교역이 발달하였고 때로는 국가 차원에서도 소금을 확보하기 위한 노력을 기울이기도 했습니다.

원시시대에는 식물의 잎, 줄기, 열매를 채취하여 먹음으로써 또는 들짐승이나 어류를 포획하여 먹음으로써 그것에 들어있는 염분을 간접적으로 섭취하였습니다. 그러다가 문명이 발달하면서 소금이 생산되는 해안이나 호수 또는 암염이 있는 곳을 중심으로 물물교환 방식에 의해 소금을 얻기 시작했습니다.

소금의 교역과 관련된 곳은 오늘날까지도 그 흔적이 남아 있습니다. 로마시대에는 로마와 아드리아 해안의 도시 트론토Tronto를 잇는 교역로를 소금길Via Salaria이라고 했습니다. 음악의 도시로 명성을 날리고 있는 오스트리아의 잘츠부르크Salzburg는 '소금의 산'이라는 뜻인데요. 이곳에서 암염이 채굴되었기 때문입니다. 또한 독일어 지명 할레Halle와 할슈타트Hallstatt는 소금을 만드는 집을 뜻합니다. 그리고 드로이트위치Droitwich와 낸트위치Nantwich처럼 영어의 -wich가 붙은 지명과 미국의 솔트레이크시티Salt Lake City도 소금과 연관된 지명이지요.

이처럼 소금이 생존에 필요한 물품으로 떠오르자 그것에 주목한 사람들이 있습니다. 바로 위정자들인데요. 그들은 소금 거래에 세금을 부과하여 통치 자금을 충당했습니다. 원래 소금은 값이 싼 물건이었는데 세금이 붙다 보니 터무니없는 가격에 거래되기도 했습니다. 프랑스의 가벨gabelle이라는 소금세는 프랑스혁명을 전후하여 폐지와 도입이 반복되다가 1945년에 이르러 완전히 없어졌죠. 기록에 의하면 소금에 가벨이 붙어서 1630년에 프랑스의 소금 거래 가격은 생산가의 14배였고, 1710년에는 무려 140배에 달했다고 합니다. 이렇게 높은 세금이 붙은 소금 가격은 당연히 서민의 원성을 사기 시작했습니다. 그 결과 소금의 암거래와 관리들의 부정부패가 만연되었고 이는 후에 프랑스 혁명을 촉발시키는 하나의 요인이 되기도 했습니다.

고대 로마시대에도 소금은 중요한 자원으로 취급되었습니다. 이것을 보여주는 증거가 바로 10세기 이후 소금 거래로 발전을 거듭한 해안 도시들입니다. 그 가운데 하나가 베니스인데요. 베니스는 중세 때 소금 교역을 시작으로 하여 근대 이후 지중해 무역의 중심지로 번영을 누리게 됩니다.

군사들의 급료에서 임금 피크제까지

정복국가인 로마제국의 군인들에게도 소금은 생존을 위한 필수품이었습니다. 하지만 로마제국은 이들에게 소금을 직접 나누어 주지는 않았습니다. 대신에 이들이 소금을 살 수 있는 돈, 즉 salt money를 지급했는데 그것은 salārium이라 불리었습니다. '소금'이 라틴어로 sāl인데 소금을 살 수 있는 돈이라는 뜻입니다. 그런데 salārium은 군인들이 주둔하는 지역에 따라 차등 지급되었습니다. 그 이유는 지역에 따라 소금 값이 달랐기 때문이죠. 소금 산지로부터 멀리 떨어져 있는 곳이나 해안에서 내륙으로 들어갈수록 소금값이 비쌌습니다. 반대로 소금 생산지 근처나 소금이 거래되는 해안 지역에서는 상대적으로 가격이 낮았습니다. 그런 이유로 차등 지급되었던 salārium은 세월이 지나면서 '군인의 급료'라는 뜻으로 사용되기 시작했습니다. 그리고 그것이 오늘날까지 이어져 '임금' 또는 '급료'라는 의미의 salary가 된 것입니다.

로마 군인들도 같은 직급이면 급료가 같았겠지만 직급이 다르면 그에 따라 급료도 달랐습니다. 일반 병사와 그들을 지휘하는 장교의 급료는 달랐지요. 장교도 중간 장교냐 아니면 고급 장교냐에 따라 급료를 다르게 받았습니다. 이러한 급료 체계는 오늘날에도 이어져 '동일 노동, 동일 임금'이라는 기치 아래 같은 직급은 동일한 임금을 받는 것이 원칙입니다. 물론 조직의 규모가 커지고 복잡해짐에 따라 직급도 점점 세분화되었습니다.

그러나 아무리 직급이 세분화되었더라도 같은 직급에게는 모두 동일한 급료가 지급되다 보니 능력의 차이가 배제되는 결과를 낳았습니다. 이것은 유능한 사원의 사기 저하를 가져와 결국은 기업의 손실로 이어지게 되었죠. 이에 기업들은 이러한 불합리를 해결하기 위한 방안을 모색하게 되었는데요. 조직의 위계질서를 유지하기 위해 직급을 무리하게 뛰어넘지 않으면서도 유능한 사원을 제대로 대우하여 능력 발휘를 이끌어내는 방안을 찾아냈죠. 바로 브로드밴딩 broadbanding 인사제도입니다.

밴딩banding은 '구분된 동일 그룹'을 뜻하는 말입니다. 그러니까 브로드밴딩은 동일 그룹을 넓게 잡은 것입니다. 다시 말하면 동일한 직무 등급에 속하는 사람들일지라도 폭을 넓혀 구분한 다음 각각에 맞게 급료를 지급하는 것이지요. 예를 들어 같은 대리 직급이라도 능력에 따라 급료는 다르게 책정합니다. 사원의 입장에서 볼 때 승진을 하면 좋겠지만 여건상 여의치 못한 경우, 급료로 보상받으니 일에 대한 동기 부여도 되고 또 승진에 대한 불만도 어느 정도 해소된다고 볼 수 있습니다.

급료 이야기가 나왔으니 말인데요. 지금까지 우리나라 기업에서의 대표적인 급료 제도는 연공급seniority based wage system 제도입니다. 학력, 성별, 연령 등을 고려하여 근무한 기간에 따라 급료를 주는 제도로 당연히 오래 근무한 사람이 고액의 임금을 받습니다. 따라서 하는 일의 성격이나 난이도가 아니라 비슷한 일을 하더라도 누가 더 오래 이 회사에 다녔느냐가 가장 중요한 급료 결정요인이 됩니다. 심지어 근속 연수가 늘어나면 업무가 줄어드는데도 임금은 올라갑니다. 보수적인 우리 사회의 일면이 아닌가 합니다.

그러나 외환위기 이후, 기업 문화가 바뀌면서 연공서열에 따른 급료 제도 또한 변화를 겪기 시작했습니다. 근속 연수가 높은 중견 간부들이 업무량에 비하여 상대적으로 많은 임금을 받는다는 사실이 지적되면서 이들이 구조조정 대상으로 내몰리게 되었습니다. 기업에서는 이들을 해고하고 장차 이러한 문제가 재발하는 것을 미연에 방지하기 위하여 새로운 임금 체계를 내놓게 되었습니다. 이른바 임금 피크제salary peak입니다.

사원이 입사한 후 일정한 연령에 도달하면 그때부터 급료를 깎는 대신 정년까지 고용을 보장하는 겁니다. 임금이 줄어드는 것은 싫지만 정년까지 고용 안정을 보장받는 것이지요. 또한 기업주는 줄어든 임금을 가지고 새로운 투자나 고용 창출을 할 수 있으니 서로에게 득이 되는 것입니다.

샐러드는 생채소가 아니라 소금 절인 채소

라틴어 sāl(소금) ⇒ salāium(소금 구입비/군인의 급료)
고대 프랑스어 salarie ⇒ salarye ⇒ salary(봉급)

오늘날 급료의 출발점이었던 로마시대의 라틴어 sāl. 그것에서 비롯된 파생어는 유럽의 주요 언어에 건재합니다. 이를테면 프랑스어의 sel, 이탈리아어의 sale, 스페인어의 sal이 그것이죠. 이렇게 sāl과 관련된 어휘가 유럽 전역에 편재하는 이유는 물론 그 지역이 과거 로마제국의 영토였기 때문이기도 하지만 소금이 중요한 생필품으로서 국경을 초월하여 거래되었다는 것을 입증하는 것이기도 합니다.

또한 sāl에서 파생된 동사 salare(소금을 치다)의 여성형 과거분사 salata는 herba salata(소금 친 야채)로 사용되다가 herba는 생략되고 salade의 형태로 고대 프랑스어에 유입되었습니다. 이것이 14세기 말엽에 salat, 그리고 15세기에 들어 salade로 변화하면서 오늘날의 salad로 이어졌습니다. 그런데 원래 샐러드는 소금에 절인 채소였는데 시간이 지나면서 지금은 소금을 치지 않은 생채소로 둔갑했습니다.

sāl에서 파생된 salarium(소금 구입비, 급료)은 고대 프랑스어에서 salarie로 바뀌어 13세기에 영어에 들어왔는데 14세기에 salarye의 형태로 쓰이다가 salary로 굳어져 오늘에 이르게 되었습니다.

정리하면 오랜 세월을 거치며 소금 sāl에서 시작하여 소금 살 돈 salarium, 그리고 오늘날 급료 salary에 이르게 된 것입니다. 헌데 '봉급자의 월급이 짜다'라는 말을 너도나도 하는 것을 보면 아직도 salary에는 소금이 있어서 짠맛이 남아 있는 것 아닐까요?

gen(=birth, 태생; kind, 종류; class, 부류)

congenital[kəndʒénətl] ⟨con-(=together)+genit+-al(=relating to)⟩ 타고난
genealogy[dʒìːniǽlədʒi] ⟨genea+logy(=a discourse)⟩ 혈통, 가계, 계보학
homogenize[həmάdʒənàiz] ⟨home-(=same)+gen+-ize(=to make)⟩ 균질화하다
progenitor[proudʒénətər] ⟨pro-(=before)+genit+-or(=one who)⟩ 조상, 선배
regenerate[ridʒénərèit] ⟨re-(=again)+gen(er)+-ate(=to make)⟩ 재생시키다

▶같은 듯 같지 않은 단어들

• attribute[ətríbjuːt] 좋거나 유용한 특성, 특질, 속성

Mercy is an attribute of God.
자비는 하느님의 속성이다.

• characteristic[kæriktərístik] 다른 것과 구별되는 그것만의 대표적 특징, 특성

A scarlet rash is one of the defining characteristics of the disease.
주홍색 발진이 그 질병을 단정 짓는 특징 중 하나이다.

• feature[fíːtʃər] 두드러진 점, 특질, 자질

Each singer has its own distinctive features.
각각의 가수들은 자신만의 독특한 자질을 갖고 있다.

• property[prάpərti] 물질이 갖는 특질, 특성, 속성

We happened to discover the physical property of the substance.
우리는 우연히 그 물질의 물리적 특성을 발견하게 되었다.

Mustard is a good sauce, but mirth is better.
겨자가 있어야하지만 꼭 있어야 할 것은 기쁨이다.

CHAPTER 2 _ in situ, 세상 속에서
179

29 theory
성급한 일반화, 장님 코끼리 만지기

theory[θíːəri]
① 학설, 법칙, 가설
② 이론, 원리, 규칙
③ 의견, 지론

편견과 아집의 우매함

편견과 아집 때문에 빚어지는 결과가 얼마나 어처구니없는가를 일깨워주는 우리 속담에 '장님 코끼리 만지기'가 있습니다. 이 속담은 불교 경전 『열반경涅槃經』에 실린 다음 내용과 관련 있습니다.

인도의 경면왕鏡面王이 진리에 관해 신하들과 열띤 토론을 벌이고 있었습니다. 그런데 각자 자기주장만을 내세우자 왕은 시종을 시켜 코끼리 한 마리를 몰고 오게 하였습니다. 그리고는 여러 명의 맹인을 불러 코끼리를 만져 보고 코끼리 가 어떻게 생겼는지 말해 보라고 했습니다. 그러자 코끼리의 상아를 만져본 맹인은 코끼리가 무 같이 생겼다고 하였고 꼬리를 만진 맹인은 코끼리가 굵은 밧줄같이 생겼다고 말하는 등 각자 만진 부위에 따라 코끼리의 모양을 다르게 말했습니다.

왕은 신하들에게 말했죠. '같은 코끼리를 가지고도 이렇게 다르게 말하는데 진리에 대한 주장도 이와 마찬가지가 아니겠느냐'고 말입니다. 사람들의 편견과 아집으로 인한 우매함을 일깨우는 이야기는 비단 이것뿐만이 아닙니다.

고대 그리스의 철학자 플라톤Plato(B.C. 427-B.C. 347)이 말한 '동굴의 비유'라는 것이 있습니다. 그는 자신의 저서 『국가론國家論』에서 '동굴의 비유'를 통하여 우리가 갖고 있는 인식 세계의 본질을 깨우쳐 주고자 했습니다. 즉, 우리는 사슬에 묶인 채 컴컴한 동굴에 갇혀 있는 죄수와 같다는 것입니다. 손발이 단단히 묶여 있어 고개도 돌리지 못하고 그저 앞만 바라보고 있습니다. 우리의 등 뒤에는 횃불이 켜져 있어 동굴 벽에 그림자가 생깁니다. 우리는 그 그림자가 우리의 실상이며 실체라고 생각합니다.

바로 이때 우리 가운데 누군가가 사슬을 풀고 자유로운 몸이 되어 동굴 밖으로 나가서 햇빛을 보게 되고 모든 사물을 바로 보게 됩니다. 어느 날, 동굴 밖 밝은 세상을 본 그가 동굴로 돌아와 동굴 안에 갇혀 있던 우리들에게 동굴 밖의 모습을 전합니다. 하지만 동굴 안에 있던 사람들 중 그 누구도 그의 말을 믿지 않습니다. 오히려 그를 정신병자로 몰아세우며 그를 쫓아내려 합니다.

플라톤이 말한 대로 우리는 우리만의 동굴에 갇혀 살아가는지도 모르겠습니다. 내 앞에 보이는 그림자를 보며 마치 그것이 실체이고 실상인 것으로 인지하면서 말입니다. 말하자면 아전인수我田引水식의 편협한 사고와 착각을 안고 살아가는 것이지요.

자기중심적 사고에서 비롯된 조명 효과

심리학에서 자주 언급되는 것으로 조명 효과spotlight effect라는 것이 있습니다. 이는 자기중심주의 사고에서 비롯되는 것인데요. 자신에 대한 다른 사람들의 관심을 크게 부풀려 생각하는 경향을 말합니다. 배우가 무대 위에서 조명을 받는 것처럼 자신이 주변의 다른 사람들로부터 늘 주목을 받는다고 착각하는 것이지요. 미국 코넬 대학교의 토머스 길로비치 교수가 다음과 같은 실험을 통해 이를 입증하였습니다.

한 학생에게 세 명의 유명인사 얼굴이 각각 찍힌 티셔츠를 하나씩 차례로 갈아입고 실험 참가자들이 앉아 있는 방에 잠깐 들어갔다가 나오게 하였습니다. 티셔츠를 입고 방에 들어갔다 나온 학생은 적어도 방에 앉아 있는 실험 참가자들 중 절반은 자신이 입었던 티셔츠를 기억할 것으로 생각했습니다. 그러나 실험 결과는 예상 밖이었습니다. 최근 인기 있는 젊은 유명인이 찍힌 티셔츠만 실험참가자의 23%가 제대로 기억했을 뿐, 인기 없는 인물이나 이미 사망한 사람의 사진이 찍힌 티셔츠를 입었던 경우에는 그것을 기억하는 비율이 8%로 아주 낮았습니다.

실험에서 처럼 우리는 실제보다 훨씬 더 남들에게 주목을 받는다고 착각하면서 살아갑니다. 그런데 실상은 다릅니다. 남들 역시 주된 관심 대상은 자기 자신일 뿐 타인에 대해서는 그다지 관심을 두지 않습니다. 그럼에도 불구하고 우리는 모두 제각기 다른 사람들의 시선을 의식하며 그들이 자신을 어떻게 볼까 오로지 그 생각만 하고 있습니다.

단편적 사고로 빚어지는 도박사의 오류

편견과 착각의 예는 또 있습니다. 주변에서 카지노 게임이나 로또 복권을 사는 사람들을 많이 볼 수 있습니다. 그들은 여태껏 안 맞았으니 한 번은 맞으리라 생각하죠. 룰렛게임에서 홀수나 짝수에 걸린 확률은 각각 1/2입니다. 만일 앞에서 계속 홀수가 나왔다면 사람들은 이제 짝수가 나올 것으로 예상합니다. 그래서 베팅할 찬스라고 생각하지요.

그런데 그것은 착각일 뿐입니다. 여전히 홀수와 짝수가 나올 확률은 매번 각각 1/2입니다. 왜냐하면 룰렛 테이블은 앞에서 홀수가 나왔는지 짝수가 나왔는지를 기억하지 않습니다. 매번 그때그때 단판으로 정해지는 것이니까요. 사람들의 이 같은 착각을 도박사의 오류gambler's fallacy라고 하죠. 가위바위보를 하거나 동전 던지기에서도 마찬가지입니다. 내가 지금껏 몇 번을 졌든 간에 이번에 이길 확률이 높아지는 것은 아닙니다. 하지만 사람들은 무의식적으로 이번에는 승산이 있다고 착각합니다. 편견과 아집에서 비롯되는 단편적인 사고는 결국 잘못된 결과를 낳을 뿐입니다. 그것은 비단 개인에만 국한되는 것은 아닙니다. 기업의 경우에도 마찬가지입니다.

1970년대 제록스는 복사기를 임대해주고 사용료를 받는데 복사기가 사용 중에 잦은 고장을 일으키자 AS 조직을 만들어 그 문제를 해결하였습니다. 빈번한 고장으로 고객들의 불만이 높아지기는 했지만 회사의 재무제표상으로는 아무런 문제가 없었습니다. 복사기 임대료로 수입은 늘었고 또 사용 중에 복사기가 고장이 나면 AS 센터가 수리해 주고 수리비를 챙겼기 때문에 나날이 수입이 늘었습니다.

그러나 그때 캐논 같은 다른 기업들이 제록스보다 값이 싸면서도 고장이 적고 성능이 좋은 복사기를 생산하기 시작했습니다. 그러자 고객들은 제록스를 외면하고 썰물처럼 빠져나갔습니다. 제록스는 재무 평가만을 믿고 있다가 엄청난 타격을 입고 큰 위기에 몰리게 되었죠. 한쪽만을 주시한 것이 큰 불찰이었지요.

제록스의 경우를 거울삼아 이제 기업들은 종합적인 성과 지표에 주목하고 있습니다. 그것이 바로 1990년대 초반 하버드 비즈니스 스쿨의 로버트 카플란Robert Kaplan과 데이비드 노턴David P. Norton 교수가 제안한 균형성과표Balanced Score Card 입니다. 약칭하여 BSC라고 하지요. 재무 성과에만 주목하던 기존의 방식과는 달리 BSC는 재무 외에도 고객, 내부 프로세스, 학습 및 성장관점 등에도 초점을 두고 각 지표 사이의 인과관계를 파악하는 겁니다. BSC에 따라 기업은 각 성과지표를 분석하고 관리함으로써 현재 기업의 상황을 파악하고 돌발 사태에 대비하면서 점진적인 개선을 도모할 수 있게 되었습니다.

이론이란 관찰과 심사숙고의 결과물

그리스어 theōría(사색) ⇒ 라틴어 theōrós(사색하는 사람)
⇒ theory(이론)

기업을 비롯한 기타 경제주체에 예상하지 못했던 돌발 상황이 생기면 학자들은 그것을 면밀히 검토하여 새로운 이론을 내놓습니다. 신기하게도 이론이라는 어휘 theory에는 이러한 과정이 반영되어 있습니다. theory의 기저에는 '지켜본다'는 의미가 있습니다.

theory는 '사색'이나 '명상'의 의미를 갖는 그리스어 theōría가 후기 라틴어를 경유하여 파생된 것입니다. 살펴보면 theōría는 '사색하는 사람'이란 뜻을 가진 theōrós의 파생어인데 이것은 '지켜본다'는 theāsthai의 어간인 thea-에서 나온 어휘입니다. 그리고 theāsthai에서 theater(극장)가 나왔는데, 극장 역시 연극을 보는 장소이죠.

또한 theōrós에서 '지켜본다'는 의미의 theōreín이 파생되었는데 후에 이것으로부터 '심사숙고, 직관, 이론'이란 의미의 theōrēma가 나왔습니다. theōrēma는 후기 라틴어를 거치며 theorem(원리, 법칙, 공리)이 되었죠.

하나의 이론이 정립되려면 오랜 기간 동안 현상을 관찰하면서 자료를 수집하고, 이어서 그 자료를 분석하고 체계화하는 것이 필요합니다. 그 이면에는 주의 깊게 지켜보면서 생각하는 일련의 과정이 내재되어 있습니다. 정확하게 파악하지 못해 생겨나는 편견과 선입견으로는 제대로 된 이론을 이끌어 낼 수 없다는 것이겠지요. theory의 어간 thea-가 watch(지켜봄)의 의미이며 theory의 파생 과정에 관련된 어휘들이 모두 speculation(심사숙고)의 의미를 갖고 있다는 것이 우연은 아닐 겁니다.

log(ue), logy(=word, 말; reason, 이성; science, 학문) / thes, thet(=to place, 놓다)

hypothesis[haipάθəsis] ⟨hypo-(=under)+thesis⟩ 가설, 가정, 추측
monologue[mάnəlɔːg] ⟨mono-(=one)+logue⟩ 독백
philology[filάlədʒi] ⟨philo(=to love)+-logy⟩ 언어학, 문헌학
synthetic[sinθétik] ⟨syn-(=together)+thet+-ic(=pertaining to)⟩ 종합적인
zoology[zouάlədʒi] ⟨zoo(=an animal)+-logy⟩ 동물학

▶같은 듯 같지 않은 단어들

• gleam[gliːm] 부드럽고 깨끗한 표면이 빛나다, 번쩍이다, 어렴풋이 나타나다

The old wooden table gleamed under the chandelier.
샹들리에 아래 그 오래된 나무 탁자가 번쩍였다.

• glint[glint] 반짝거림과 함께 빛나다, 반사하다, 반짝이다

Jane's eyes glinted when she saw the money.
제인이 그 돈을 보았을 때 그녀의 눈이 반짝거렸다.

• glisten[glísn] 기름 또는 물기로부터 반짝이다, 빛나다

The grey roofs glistened after the rain.
비 온 뒤에 회색 지붕들이 반짝거리고 있었다.

• glow[glou] 뜨거운 열 때문에 불꽃 없이 빛을 내다, 작열하다

The lamp on the table glowed dimly.
테이블 위의 램프가 희미하게 빛나고 있었다.

30 umpire
이편저편도 아닌 완전한 제3자

umpire[ʌ́mpaiər]
① 심판, 중재자
② 심판하다, 중재하다
③ 심판원의 일을 보다

의외의 공정성을 추구하다

경제학에서 논란이 되는 것으로 최후통첩 게임ultimatum game이라는 것이 있습니다. 대체로 사람들은 장차 얻게 될 이익에 따라 자신의 행동을 결정합니다. 그런데 어떤 경우에는 사람들의 행동이 자신의 이익이 아니라 의외로 공정성에 영향을 받는다는 겁니다. 그 사례가 바로 1980년대 초반에 독일의 경제학자 베르너 귀스Werner Güth에 의해 제기된 최후통첩 게임입니다. 이를 자세히 살펴봅시다.

실험자는 서로 안면이 없는 두 명의 실험 참가자 갑과 을이 보는 자리에서 1만 원을 내놓습니다. 그리고는 갑에게 이 돈을 을과 나눠 가지라고 합니다. 동시에 을에게는 갑이 주는 돈을 받을 수도 있고 거절할 수도 있다고 말해줍니다. 단, 을이 받기를 거부하는 경우 갑은 1만 원을 가질 수 없고 실험자에게 돈을 도로 돌려줘야 합니다.

자, 이제 갑은 을에게 얼마를 나눠줄지 결정해야 합니다. 갑이 을에게 3천 원을 주겠다고 제안을 했을 경우를 가정해 봅니다. 을이 그 돈을 받겠다고 하면 갑은 7천 원, 을은 3천 원을 각각 가질 수 있습니다. 하지만 을이 거절할 경우, 그 돈은 사라집니다. 이번에는 갑이 을에게 천 원을 주겠다고 제안할 경우를 가정해 봅니다. 을은 천 원이라도 건지는 것이 좋겠다고 생각할 수도 있지만 1만 원 중에 갑이 9천 원을 갖고 자기한테 천 원만 주는 것은 부당하고 치사하다는 생각에 거절할 수도 있습니다. 갑도 을이 수락만 하면 9천 원을 가질 수 있으니 좋겠지만 너무 적어서 을이 거절할 수도 있다는 생각을 할 겁니다. 자칫 잘못하면 욕심을 부리다가 한 푼도 못 건질 수 있으니 선불리 결정할 수는 없을 겁니다. 과연 갑은 을에게 얼마를 제시하는 것이 좋을까요. 천원은 너무 적은 것 같고 그렇다면 2천 원, 아니 3천 원, 4천 원…? 또는 자신의 이익을 최대화하려는 이기주의 때문에 갑은 천 원이 아니라 5백 원을 제시할 수도 있겠지요.

그런데 실험 결과는 의외였습니다. 자신의 이익을 추구하는 호모 이코노미쿠스는 그 이름에 걸맞지 않은 의외의 행동을 합니다. 갑의 입장에 선 실험 참가자들의 대부분은 1만 원의 절반 정도를 제시하였습니다. 또한 을의 입장이었던 사람들은 30% 이하의 금액이 제시되는 경우 대체로 받기를 거부하였습니다. 거절할 경우 한 푼도 받지 못한다는 사실을 알면서도 공정하지 못하다고 생각되는 경우에는 과감히 그것을 포기한 것이지요.

이러한 실험 결과는 이익 추구라는 전제하에 모든 현상을 설명하려는 경제학자들을 당혹스럽게 만들었습니다. 이후 공정성에 입각하여 비영리적인 것을 추구하는 사람들의 행동 패턴들이 주목받기 시작했고 이것과 연관된 행동 경제학에 관심이 모아지고 있습니다.

균형을 이루려는 항상성

공정성의 추구, 즉 한쪽으로 치우치지 않으려는 것은 대자연의 섭리이기도 합니다. 생물계에는 항상성恒常性이라는 것이 존재하는데요. 항상성이란 살아 있는 생명체가 환경 변화에 대응하면서 생명 현상이 이어지도록 일정한 상태를 유지하는 것을 말합니다.

예를 들면 추운 지방의 나무는 추위에 견디도록 나뭇잎을 뾰족하게 변화시켜 침엽수로 살아갑니다. 펭귄은 남극의 극한 기후에서 생존하기 위하여 몸에 두터운 지방층이 있습니다. 또 대체로 날아다니는 조류는 몸무게를 줄이기 위해 뼛속이 비어 있는데 펭귄은 조류임에도 불구하고 바닷속으로 잠수할 수 있도록 뼛속이 꽉 차 있습니다. 이러한 것은 주위 환경에 적응하며 생존해온 결과물인데요. 이렇게 외부적 요건에 맞서 동식물이 스스로 자신의 기관을 조절하여 균형 상태를 이루는 성질을 항상성이라고 합니다.

인간의 몸 역시 항상성을 추구하고 있습니다. 몸뿐만 아니라 주변 세계에 관해서도 일종의 균형 상태를 유지하려고 노력합니다. 하지만 궁극적인 균형에 도달하는 과정은 순탄치 않습니다. 부당하고 불공평한 일들이 산재합니다. 사마천도 『사기』에서 이 사실을 언급하였지요.

사마천은 궁형(거세를 당하는 형벌)을 받고 불행한 삶을 이어가는 자신의 처지를 빗대어 '당소위천도儻所謂天道, 시야비야是耶非耶'라고 했습니다. 도대체 '하늘의 이치라는 것이 정말로 이런 것이냐'는 것이지요. 착하고 어진 사람들은 핍박받고 힘들게 연명하는데 온갖 부정을 일삼는 위정자들은 호의호식하며 편안하게 사는 것이 과연 하늘의 도리냐며 반문한 겁니다. 하늘의 뜻이 공정하지 못함을 원망하는 것일 수도 있지만 황제가 제대로 통치하여 세상의 비리를 바로잡고 공평한 세상을 만들어 달라는 뜻이겠지요.

또한 중국의 요순시대의 요임금은 순임금에게 자리를 물려주며 '윤집기중允執其中'이란 말을 했습니다. '진실로 치우치지 않는 중심을 잡으라'는 것이지요. 천하를 움직이는 사람으로서 가진 자와 못 가진 자, 특권층과 소외 계층 등 세상 모든 사람들에 대하여 어느 쪽에도 부당하게 쏠리지 않는 공정함을 유지하라는 말입니다.

어느 쪽에도 치우치지 않는 impartial

고대 프랑스어 nonper[non(=not)+per(=paired)](공정한 사람)
⇒ noumpere(중재자) ⇒ 음절 분리 오류[a noumpere → an oumpere → an umpire]
⇒ umpire(심판)

자연은 항상성을 유지하려 하고 인간은 공정성을 추구합니다. 공정한 것, 어느 쪽에도 치우치지 않는 '공평한 것'을 이르는 어휘는 impartial 또는 balance 입니다. impartial은 im(=not)+partial(=favoring on side or part, 한 쪽을 편드는)로 구성된 어휘입니다. 이 가운데 partial은 고대 프랑스어 parcial로부터 유입되었는데 이것은 다시 거슬러 올라가면 '부분'이나 '조각'을 의미하는 라틴어 pars(=part)에서 유래되었습니다.

공정성을 가지고 판정을 해주는 '심판', 또는 분쟁을 조정해 주는 '중재자'는 umpire입니다. umpire는 고대 프랑스어 nonper에서 나왔는데 이것의 구성요소를 보면 non(=not)+per(=paired, 짝 지어진)가 됩니다. 여기서 -per는 라틴어에서 유래되었는데 '부분'이라는 의미를 갖습니다. 그러니까 nonper는 어느 쪽과도 짝이 아닌 '공정한 사람'이라는 뜻이지요.

고대 프랑스어 nonper는 14세기에 영어로 유입되어 noumpere(=mediator, 중재자)의 형태로 사용되는데 오랜 기간 사용되면서 a noumpere는 음절 분리를 잘못하여 an oumpere로 사용되다가 오늘날의 an umpire가 되었습니다. 간혹 혼용되기도 하지만 원래 축구, 권투, 레슬링 경기의 심판을 referee라고 하는 반면에 테니스, 야구 등의 심판은 umpire라고 합니다.

또한 balance는 라틴어 bilanx에서 파생되었습니다. bi(=two, 둘)+lanx(=plate, 접시)와 같이 구성된 이 어휘는 '두 개의 접시가 달린 저울'을 뜻합니다. 이것이 bilanc-를 어간으로 하여 통속 라틴어를 거쳐 고대 프랑스어에 들어와 balance가 되었고, 저울이란 의미의 balaunce로 영어에 유입된 것은 13세기 무렵이었습니다.

막대 양쪽에 접시를 단 저울인 천칭은 justice(정의)를 상징합니다. 고대 이집트에서는 사람이 죽으면 천국과 지옥행을 심판하는 신 아누비스가 죽은 사람의 심장을 천칭 위에 올려놓는다고 믿었습니다. 진실을 의미하는 타조의 깃털을 한쪽에 올리고 죽은 자의 심장을 반대쪽에 올려놓았을 때 균형을 이루면 천국행이 결정되면서 오시리스 신의 환영을 받는다는 겁니다. 그러나 천칭이 기울어지면 괴물에게 던져져 죽임을 당하게 된다고 알려져 있습니다. '균형' 또는 '평형'이라는 의미의 balance는 이외에도 '국제 수지', '차액' 등의 뜻으로 사용됩니다. 하지만 무엇보다도 인간사에 관련되는 모든 이치가 balance를 이룰 때 그것이 진정한 balance가 아니겠습니까?

part(=to divide, 나누다, 편을 들다) / pel(l), puls (=to drive or push, 몰다, 밀다)

compart[kəmpάːrt] 〈com-(=thoroughly)+part〉 칸을 막다, 구획하다
compel[kəmpél] 〈com-(=together)+pel〉 강제하다, 강요하다
depart[dipάːrt] 〈de-(=apart)+part〉 출발하다, 벗어나다
dispel[dispél] 〈dis-(=apart)+pel〉 일소하다, 쫓아버리다
impel[impél] 〈im-(=in)+pel〉 재촉하다, 강제하다, 추진하다
participate[pɑːrtísəpèit] 〈part+cipate(=take)〉 참가하다, 관여하다

▶같은 듯 같지 않은 단어들

• error[érər] 실수, 특히 계산이나 서술에서의 실수

An error occurred in my calculations.
내가 셈한 것들 중에 실수 하나가 있었다.

• mistake[mistéik] 잘못된 일, 실수

This essay's full of spelling mistakes.
이 에세이는 잘못된 철자가 많이 있다.

• oversight[óuvərsait] 깜박해서 잠깐 잊은 것, 알아차리지 못하는 실수

The company apologized for the oversight.
그 회사는 그 실수에 대하여 사과하였다.

• slip[slip] 작은 실수

We all make slips from time to time.
우리 모두는 때때로 실수를 한다.

The balance distinguishes not between gold and lead.
저울은 무게를 달 뿐이지 금과 납을 차별하지 않는다.

CHAPTER 2 _ in situ, 세상 속에서

191

reference

강준만, 『교양영어사전』, 인물과 사상사, 2012.
강현식, 『꼭 알고 싶은 심리학의 모든 것』, 원앤원북스, 2010.
김대웅, 『영어 교양 상식 사전』, 책이있는마을, 2009.
김민구, 『경제 상식사전』, 도서출판 길벗, 2008.
김흥식, 『세상의 모든 지식』, 서해문집, 2007.
남경태, 『개념어 사전』, 도서출판 들녘, 2006.
_____, 『사람이 알아야 할 모든 것 철학』, 도서출판 들녘, 2007.
_____, 『사람이 알아야 할 모든 것 역사』, 도서출판 들녘, 2008.
낸시 헤더웨이, 신현승 옮김, 『세계 신화사전』, ㈜세종서적, 2007.
넥서스사전편찬위원회, 『고사 성어 백과사전』, 넥서스ACADEMY, 2006.
댄 애리얼리, 장석훈 옮김, 『상식 밖의 경제학』, 청림출판, 2008.
리처드 탈러 · 캐스 선스타인, 『넛지: 똑똑한 선택을 이끄는 힘』, ㈜웅진씽크빅, 2012.
베르나르 베르베르, 이세욱 · 임호경 옮김, 『상상력 사전』, ㈜열린책들, 2011.
빌 브라이슨, 이덕환 옮김, 『거의 모든 것의 역사』, 까치글방, 2003.
_____, 정경옥 옮김, 『발칙한 영어 산책』, ㈜살림출판사, 2009.
_____, 박중서 옮김, 『빌 브라이슨의 유쾌한 영어 수다』, ㈜휴머니스트, 2013.
서동욱 외, 『한평생의 지식』, ㈜민음사, 2012.
아이작 아시모프, 김대웅 옮김, 『신화 속으로 떠나는 언어 여행』, ㈜웅진씽크빅, 2002.
요제프 H. 라이히홀프, 박병화 옮김, 『자연은 왜 이런 선택을 했을까』, 도서출판 이랑, 2012.
월프레드 펑크, 양동현 옮김, 『영어 단어의 로맨스』, 천지서관, 1994.
이인식, 『미래교양사전』, 갤리온, 2006.
자크 브로스, 양영란 옮김, 『식물의 역사와 신화』, 갈라파고스, 2005.
재레드 다이아몬드, 김진준 옮김, 『총, 균, 쇠』, ㈜문학사상사, 2009.
조너선 바이런, 『교양 내비게이터』, 추수밭, 2009.
팀 하포드, 김명철 옮김, 『경제학 콘서트』, ㈜웅진씽크빅, 2006.
_____, 이진원 옮김, 『경제학 콘서트2』, ㈜웅진씽크빅, 2008.
페이스 팝콘 · 애덤 한프트, 인트랜스번역원 옮김, 『미래 생활 사전』, ㈜을유문화사, 2003.

Ayto, J, *Word Origins: The Hidden Histories of English Words from A to Z*, A & C Black, 2006.

Chantrell G. ed, *The Oxford Dictionary of Word Histories*, Oxford University Press, 2004.

Clark S. and G. Pointon, *Word for Word*, Oxford University Press, 2003.

Flavell L, *Dictionary of Word Origins*, Kyle Cathie, 2010.

Kyff, R, *Once Upon a Word: True Tales of Word Origins: True Tales of Word Origins*, Tapestry Press, 2003.

Merriam-Webster, *Webster's New Explorer Dictionary of Word Origins*, Federal Street Press, 2004.

Pearsall J. and B. Trumble, *The Oxford English Reference Dictionary*, Oxford University Press, 1996.

Pearson Education Limited, *Longman Exams Dictionary*, PEARSON Longman, 2006.

Rees N, *Cassell's Dictionary of Word & Phrase Origins*, Cassell, 2002.

Sedgwick F, *Where Words Come From: A Dictionary of Word Origins*, Bloomsbury USA Academic, 2009.

Shipley J. T, *The Origins of English Words*, Johns Hopkins Univ Press, 2001.